二〇一七年國家古籍整理出版專項經費資助項目

中國史學基本典籍叢刊

中興遺史輯校

〔宋〕趙甡之 撰
許起山 輯校

中華書局

圖書在版編目(CIP)數據

中興遺史輯校/(南宋)趙甡之撰;許起山輯校. —北京:中華書局,2018.4(2021.6重印)
(中國史學基本典籍叢刊)
ISBN 978-7-101-12925-0

Ⅰ.中… Ⅱ.①趙…②許… Ⅲ.中國歷史-史料-南宋 Ⅳ.K245.06

中國版本圖書館CIP數據核字(2017)第276679號

責任編輯:胡　珂

中國史學基本典籍叢刊
中興遺史輯校
〔宋〕趙甡之　撰
許起山　輯校
*
中 華 書 局 出 版 發 行
(北京市豐臺區太平橋西里38號　100073)
http://www.zhbc.com.cn
E-mail:zhbc@zhbc.com.cn
北京瑞古冠中印刷廠印刷
*
850×1168毫米 1/32・10½印張・2插頁・186千字
2018年4月北京第1版　2021年6月北京第2次印刷
印數:3001-5000冊　定價:36.00元

ISBN 978-7-101-12925-0

目録

輯校前言

中興遺史（下簡稱遺史）六十卷，南宋初年趙甡之撰。遺史爲編年體史書，所記自宋欽宗靖康元年（一一二六）至宋高宗紹興三十二年（一一六二），約三十七年史事。

一 趙甡之考

趙甡之〔一〕，生平不詳。陳振孫直齋書録解題（下簡稱陳録）卷四著録如下：「中興遺史六十卷。從義郎趙甡之撰。慶元中上進其書。大抵記軍中事爲詳，而朝政則甚略，意必當時遊士往來邊陲、出入幕府者之所爲。及觀其記張浚攻濠州一段，自稱姓名曰開府張鑑。然則此書鑑爲之，而甡之竊爲己有也。或曰鑑即甡之婦翁，未知信否？」張浚攻濠州一段，現存遺史佚文已無。汪聖鐸先生在中華書局點校本宋史全文後附有宋史全文插引史論文獻研究一文，其中有言：「中興遺史有著作權的争議，較早見於王明清揮麈後録卷一一：『俾趙甡之竊婦翁張鑑書以爲己有者，聞之，不慙惶無地耶。』」其實，汪先生引用的那則材料，不是王明清揮麈後録中的語句，而是明人毛晉爲揮麈後録所作跋語中的一句。因文淵閣四庫全書本揮麈後録正文後直接附録各家跋語，較正文低格書寫，在用四庫全書電子版檢索時，若有不慎，易混爲揮麈後録正文。毛晉應是根據陳録别加發揮。

宋史藝文志源於宋人所編國史的藝文志，其著録遺史作者爲趙甡之。三朝北盟會編（下簡稱會編）與建炎以來繫年要録（下簡稱要録）引用遺史原文較多，徐夢莘、李心傳直書遺史作者爲趙甡之，没有提出懷疑。在其他引用遺史原文的諸書中，凡是涉及該書作者的，皆作趙甡之，未見一處提及張鑑。遺史在叙述采石之戰時，自書「甡之嘗試以允文二劄論之」。毫無疑問，遺史作者即是趙甡之。

除了陳録對趙甡之的模糊記載，要録卷三八提到：「建炎四年冬十月庚午朔，張浚斬同州觀察使、環慶路經略安撫使趙哲于邠州。」此條後有李心傳注：「哲之誅，史及諸書不載，日曆：『紹興四年八月二十一日，承節郎趙甡之進狀，父哲建炎三年落階官，除同州觀察使，於當年十月一日，宣撫張浚挾私，輒從軍法身死。』故繫於此日。」可知趙甡之乃趙哲之子。趙哲是南宋建炎年間的重要將領，富平敗後，被張浚斬殺，時人認爲張浚有殺將卸罪之嫌。宋會要輯稿職官七六之六六記載朝廷正式爲趙哲平反，是在紹興四年的七月十三日。八月二十一日，趙甡之進狀朝廷，請求爲其父恢復原官。趙甡之此時的官職爲承節郎，應是朝廷爲趙哲平反後，對其後代的賞賜。

承節郎，屬宋代武階官中的小使臣八階列倒數第二位，北宋政和二年（一一一二）由三班奉職改，南宋紹興年間定爲入品武階五十二階之第五十一階，從九品。陳録提到了趙甡之曾爲從義郎，此官依然屬於武階小使臣之列，爲武階五十二階之第四十五階，從八品。時隔數十年，趙甡之纔由從九品的承節郎上升到從八品的從義郎，並且始終未突破小使臣之階，可謂升遷極慢，其一生在政治、軍事上不可能有大的作爲。因而關於趙甡之的材料極少，陳振孫對其生平經歷較爲陌生。

要録卷七八紹興四年七月十三日條又提到：「詔故威武大將軍、宣州觀察使曲端，故親衛大夫、明州觀察使趙哲並追復舊官。」「先是，言者數論張浚殺端、哲爲非，是故皆復之。已而哲子承節郎洪訟於朝，乃錫哲同州觀察使告身焉。趙哲換給告身在八月戊戌。」僅根據此條記載，趙洪是趙哲的兒子，在趙哲復官後，也爲承節郎。趙洪訟於朝及朝廷賜趙哲同州觀察使的告身在八月戊戌（二十一日），由前文引日曆可知，趙甡之向朝廷進狀，也是向朝廷説明其父趙哲應追復同州觀察使，進狀月日也爲八月二十一日。

所引要録卷三八、卷七八兩段文字，所述史實基本一致，趙甡之與趙洪當是兄弟。但在朝廷追復其父官職後，不應賜予二人同爲承節郎的官職，二人也不應該在同一天爲同一事先後向朝廷進狀。更何況，既爲同胞兄弟，緣何一人名牲之，一人名洪呢？進狀月日同，當時官職同，上書方式同，緣由同，所得結果同。只有一種可能，趙牲之、趙洪當是一人。因爲趙牲之一生不顯，李心傳對其較爲陌生，在抄録材料時，又因一條放在卷三八，一條放在卷七八，相隔四十卷，或未察覺，把一人之事放在兩個名字下面。至於趙牲之是先名洪而後改爲牲之，還是趙洪字牲之以字行，現已不可考知。

另外，遺史提到：「有保義郎吴琦者，爲南平軍兵馬監押，與余同僚。」可知，趙牲之在南平軍做過官。除此之外，尚未見到有關趙牲之的其他記載。

二　中興遺史的成書與流傳

自南渡以後，宋人面臨「靖康之禍，古未有也」的國仇家恨，「傷時感事，忠憤所激，據所聞見，筆而爲記録者無慮數百家」，所叙「各有所同異」〔二〕。趙牲之著遺史，即是其中之一種。撰書目的，無非是據實直書欽宗朝、高宗朝史事，激勵士心，希冀國家振興。

南宋目録書，除了陳録，遂初堂書目僅録遺史書名，郡齋讀書志（附志）没有著録。在現存遺史佚文中可見「高宗」、「孝宗」字樣，這種叙述方式，或是李心傳等引用者所改，不可據之認爲遺史成書於高宗或孝宗去世之後。陳録言遺史在「慶元中上進」，也不可據之認爲遺史成書在慶元（一一九五—一二〇〇）年間。

趙甡之經過反覆考索虞允文采石之戰的功績，認爲虞氏誇大戰功，虚張聲勢，「允文藉此，蓋有心望爲宰相也」。由此可知，趙甡之撰遺史時，虞允文已有宰相經歷。虞允文在乾道五年（一一六九）拜相，尤袤（一一二四—一一九四）遂初堂書目著録了遺史。會編前後引用遺史數萬言，徐夢莘撰成會編時間，至晚在紹熙五年（一一九四），此時他已六十九歲。徐氏傾畢生精力撰書二百五十卷，如此巨著，從開始撰寫到完成，當在十年以上。所以，遺史成書不會早於一一六九年，也不會晚於宋孝宗淳熙（一一七四—一一八九）以後。成書後，到了慶元年間纔上進。同時亦知，遺史在上進前，已有流傳，且被會編等書引用。

就目前所見，宋、元時期的著述引用遺史内容的大致有：三朝北盟會編、建炎以來朝野雜記、建炎以來繫年要録、舊聞證誤、鄂國金佗稡編、朱子語類、輿地紀勝、方輿勝覽、宋宰輔編年録、宋史全文等。又如程史、齊東野語、清容居士集等書，雖也提到了遺史書名，但没有直接引用其文，只是參考了其中内容。宋史全文共引遺史三條内容，經過查對，此三條要録亦有引用，或是抄自要録。

對纂修宋史有極大熱情的元人袁桷，在其所撰書馮將軍翠峰詩後一文中提到膠西之戰，「惟趙氏遺史所記，號爲詳悉」。此文撰於元成宗元貞三年（一二九七）。照此條記載，袁桷當是見過遺史或見到他書轉引過遺史此條記述。二十多年後，袁桷向朝廷建議搜尋有關野史、雜書以備修前朝史所用，所列書目中便有遺史。顯然，作爲備員史館近二十年的袁桷，在其主持修宋史時，已見不到遺史一書。

雖然現存永樂大典殘卷有兩條遺史内容，但大典内容皆是從他處抄來的，或是從宋人著作中轉録而來。焦竑國史經籍志、柯維騏宋史新編著録了遺史，但這兩種書往往抄録前代目録書，不能説明遺史在明代仍然存世。迄今爲止，尚未見到有明人著作引用遺史。

在清人著述中，有人引用了遺史内容。如陳景雲韓集點勘、厲鶚宋詩紀事、施國祁金史詳校、孫詒讓温州經籍志、胡宗楙張宣公年譜各引一條，彭元瑞宋四六話引六條，黄以周等輯注續資治通鑑長編拾補在小注部分共引十餘條，李有堂撰金史紀事本末引用近二十條。清人不言是轉引還是直引，經過比勘，凡被清人引用的遺史内容，多是從會編、要録轉抄而得。清人的一些目録書，如張金吾愛日精廬藏書志、陸心源皕宋樓藏書志、孫詒讓温州經籍志皆云遺史早已失傳，也可知遺史在清代不存。

遺史在南宋流傳還是比較廣的，有無刻本，現已不可考知。綜合元代以後的公私書目及各家著述對遺史的引用，遺史一書，應是失傳於宋末元初局勢混亂時期。

三　中興遺史的史料價值及輯佚

趙甡之的父親趙哲爲軍中名將，死於建炎四年，趙甡之在紹興四年進狀朝廷請求爲其父追復原官，根據這些情況，趙甡之有可能出生在北宋末年，至少出生在南宋初年。遺史所記宋欽宗、宋高宗朝史實，多是趙甡之耳聞目睹，可謂當代人寫當代史。這一點，要比徐夢莘、李心傳等人更有優勢。在會編引用諸書中，引用遺史次數最多，共一百四十餘處〔三〕。要録參閲遺史達三百餘次，僅次於高宗日曆和中興小曆。宋宰輔編年録、輿地紀勝等書，也大量引用了遺史原文。足見當時史家對遺史的重視。

既然名之爲遺史，定是記載了不少當時官方或通行著述中遺漏的史實。要録卷八引遺史：「〔陳〕東疏中有云：『上不當即大位，將來淵聖皇帝來歸，不知何以處此。』」此條揭露了宋高宗殺陳東的重要原因，現存陳東文集並無此内容，其他典籍也罕有收録，李心傳也只能説：「東書本不傳，今且附此。」宋高宗與秦檜多次下令焚毁、删改對自身不利的各家著述，而趙甡之能够見到這條關鍵記載，並大膽加以引用，足見其史識的非凡和蒐集史料的廣泛。

在叙述劉光世之父劉延慶事蹟時，遺史提到了朝野僉言一書，並且説明，此書原載劉延慶事是十分詳細可靠的，只因後來劉光世顯貴，「好事者諂奉之，乃改」。趙甡之勸誡道：「後人覽朝野僉言者，當求舊本，而改本失實，故不可以不詳辯。」在叙述張邦昌事實時，趙甡之提到了泣血録。此書全稱孤臣泣血録，太學生丁特起撰。趙甡之批評太學諸生，因爲得到了張邦昌的恩惠，而在泣血録中「爲邦昌粉餙其事」。在考察采石之戰的規模時，趙甡之提到：「愚常用心稽究采石事實，質之於士人、僧道、軍兵、商賈、官員。觀牓報之功狀，考一時之記録，莫不張其聲勢，大其功伐，皆不可取信。惟太平州及東采石之百姓所言者不約而同，蓋其所親見，而又無容心於毁譽也。」又言：「愚嘗經由采石，尋訪掘塹立堤之地，采石人皆大笑之。」實地考察，深入探索，據實直書，去僞存真，足見遺史取材之謹慎，趙甡之著史態度之端正。

雖然遺史久佚，清代學者仍然轉録遺史内容來解決一些問題。何忠禮、顧宏義等先生先後利用遺史中的相關記載，考索秦檜南歸、采石之戰等重要問題，成績卓著。

本次輯佚工作，追求精準、全面，努力搜尋，將遺史現存佚文從各家著述中輯出，加以校勘，以期學術界更深刻、全面地認識遺史的價值，更方便地利用遺史進行歷史研究。

在此書輯校過程中，張其凡、顧宏義兩位先生指導尤多。曹家齊、屈文軍、羅志歡、范立舟等先生也提出了一些建議。點校佚文時，個别處參考了王瑞來等先生的研究成果。

輯校不易，因水平有限，疏漏之處在所難免，敬希讀者不吝指正。

許起山

二〇一六年五月

注釋

〔一〕在一些文獻中，「甡」有時誤作「性」、「牲」、「生」等，或闕「之」字。

〔二〕徐夢莘三朝北盟會編序。

〔三〕陳樂素求是集第一集三朝北盟會編考有全書引用材料索引，統計出會編共引遺史一四四條。汪聖鐸宋史全文插引史論文獻研究言「徐夢莘三朝北盟會編引録凡十一次」，没有注意到陳樂素的研究成果。

凡例

一、各類典籍在引用中興遺史原文時，會在内容之前或末尾注有「趙甡之遺史」、「中興遺史曰」、「遺史」等字樣，根據此類提示，將遺史佚文輯出。同一條佚文見於不同典籍者，以出處較早，内容較全者爲主。

二、建炎以來繫年要録據遺史而修的一些條目，大都照録遺史原文，或僅修改了個别字詞，未失遺史原貌。對遺史字句有改動的，本條後往往會有小注説明。此類作遺史佚文收録時，被李心傳修潤、改動的字句，根據小注儘量改回原書。以遺史及其他史料參修的，可以反映原書内容，亦作遺史佚文。

三、李心傳參閲遺史三百餘次，有時不直接引用原文，僅提遺史書名，如要録卷一五建炎二年四月十四日丁卯條小注云「趙甡之遺史，洺州之陷在三月庚戌」，據此可知，遺史中必有「洺州陷」相關叙述，故將「洺州陷」一句作遺史佚文，且置在建炎二年三月二十六日庚戌條下。在輯校過程中，此類共有十數條，皆從注語中摘取部分字句作遺史佚文。另有一些條目，李心傳雖在此條後小注中提到遺史亦有其事，但未表明據遺史觀點，僅是對月日的考證。這些條目往往内容較爲豐富，不易判斷遺史本來字句，此類（共十餘條）不再作遺史佚文。

四、遺史原有目録已不可見，此次輯佚，將佚文按時間先後進行排列。在編年之下，附入相應的干支和公元紀年。凡多年史實集中於一處者，儘量按時間先後加以拆分。佚文多爲片段、隻句，其月日記載有不完備者，爲便於閲讀，於每條佚文前增補月日、干支等，用〔　〕表示。

五、一些條目闕少必要的人名、地名，或僅有人名而無姓氏者，爲方便閲讀，必要時以〔　〕加以增補。

六、需對輯出内容加以説明者，在該條末尾用「今按」加以補充。

七、輯校所用各書，三朝北盟會編，以上海古籍出版社影印清光緒三十四年清苑許涵度刻本（簡稱許本）爲底本，以明鈔本、光緒四年如皋袁祖安木活字本（簡稱袁本）及影印文津閣四庫全書本（簡稱文津閣本）作校本。許本會編卷後附有清代學者所作校勘記，此次輯校，以「原卷後校勘記」的形式注明。建炎以來繫年要録，以文淵閣四庫全書本（簡稱文淵閣本）爲底本，以文津閣本、廣雅書局本（簡稱廣雅本）作校本。宋宰輔編年録，以明萬曆四十六年吕邦燿刻本（簡稱萬曆本）爲底本，以一九二九年印行的敬鄉樓叢書本（簡稱敬鄉樓本）、文淵閣四庫全書本（簡稱文淵閣本）爲校本。輿地紀勝，用清道光二十九年懼盈齋刊本（簡稱懼盈齋本）作底本，以咸豐五年粤雅堂刊本（簡稱粤雅堂本）爲校本。方輿勝覽，以上海古籍出版社影印宋本方輿勝覽爲底本。凡原文有闕字處，用□代替。有改字及有異義處，出校記説明。校記置於每月之後。

八、書名簡稱

中興遺史　遺史

三朝北盟會編　會編

建炎以來繫年要録　要録

宋宰輔編年録　編年録

輿地紀勝　紀勝

宋史全文續資治通鑑　宋史全文

靖康元年（丙午　一一二六）

正月

〔六日壬申〕是日渡河，報至省〔一〕，宰相執政之官方次叙遞遷，欲以應非常之變，識者以爲難。會編卷二八靖康元年正月六日壬申條引遺史。

〔十日丙子〕李棁等歸，併燕山府路提舉常平沈琯與棁等偕來。棁等具奏，斡离不要宰執、親王爲質〔二〕，并須索金帛犒軍。李綱以金人之技盡於攻西水門與酸棗矣，破之甚易，誓以死戰，使匹馬不還，策之上也。棁、〔鄭〕望之謂金人勢雄盛，未易可當，莫若速許之，不可緩也。李邦彦勸不如許之。上亦欲務令持重，以保宗社生靈，遂悉如所請，詔括官司士庶金帛。會編卷二九靖康元年正月十日丙子條引遺史。

〔二十日丙戌〕平陽府義勝軍亂之次日，報到絳州。絳州有義勝軍四千人，將官牛清統之。清，山後人，麤率勇悍。通判徐昌言謂不先圖之，必有平陽府之變，乃白於知州李元達，請先爲之備。元達本儒生，不知時變，不從。昌言與幕職官苦言之，元達不得已，請昌言一面措置。昌言以教閱爲名，開甲仗庫，令官軍帶甲，整葺軍器。時清下寨於東門外。是日，昌言閉其東門，方轉五鼓，自南門、北門出兵，轉城以趨其寨。又令民兵悉上城之東壁，令之曰：「聞戰聲則助其聲勢。」昧旦，兩門出兵皆叩其寨，即斬關以入，直造清之寢〔三〕。清夜飲方醉，與數婦人寢，聞難，取器械不及，創甚被執。於是盡殺投附義勝軍。城中民兵登城東壁，呼噪以助其勢，投附人盡被誅戮。諸州聞絳州之事，乃皆殺投附人。昌言字獻可，衢州人。會編卷三〇靖康元年正月二十日丙戌條引遺史。

〔三十日丙申〕陳東疏奏未及施行，會姚平仲之敗，繼有毆擊宦官、太學生伏闕事，再貶〔梁〕師成循州安置。未行，師成知不免，遂自殺。會編卷三二靖康元年正月三十日丙申條引遺史。今按，此條又見要録卷一建炎元年正月一日辛卯條小注所引。另，「陳東疏奏」指陳東上疏朝廷梁師成當正典刑事。根據宋史卷二三欽宗紀記載，梁師成在靖康元年正月二十九日被貶彰化軍節度副使，東都事略卷一二一宦者傳言梁師成被貶後，「行一日追殺之」，則梁師成死之日當在正月三十日。遺史此條言梁師成死在「姚平仲之敗」等事之後，誤。

校勘記

〔一〕報至省　原卷後校勘記、明鈔本、袁本、文津閣本作「報沓至」。

〔二〕梲等具奏斡离不要宰執親王爲質　「具」、「宰執」，明鈔本作「偕具」、「宰相」。

〔三〕即斬關以入直造清之寢　「即」，袁本無。「直」，袁本作「即」。

二月

〔一日丁酉〕先是，朝廷大臣皆主和議，唯李綱非之。及种師道至，議論與綱同，上意頗和〔一〕。又姚平仲以士不得速戰有怨言，達於天聽。上一日遣使伍輩〔二〕，促种師道戰。師道奏請召大臣熟議之。君子謂師道主張不定，其意在乎敗則分謗也。乃與李邦彦、李綱、吴敏同對於福寧殿，皆言可擊。上問兵期，師道請過春分節。上以爲緩，乃密遣平仲及楊可勝等，取二月丁酉出兵，劫牟駝岡大寨〔三〕。可勝奏曰：「此行決危，又恐失國家遣親王、宰相和議之信。臣欲作奏檢藏懷中，具言臣不候聖旨往擊賊。」上許之。是日也，用術士楚天覺剋擇劫寨之日，漏語於數日之前，都人户户知之。又植三大旗於開寶寺旁，皆書爲「御前報捷」字。仍於封丘門上張御幄，以俟車駕臨受俘獲。都人填隘於衢路，顒待捷音〔四〕。平仲、可勝等以兵七千出城，金人空其寨，伏鐵鷂子兵以掩官軍，平仲等大敗，可勝被執。夜漏猶未盡，上既聞其交鋒，急詔李綱出援應接。頃刻之間，使者三至。既拜命，戊戌出景陽門，至班荆館，行營前軍統制張撝、右軍統制石濬、中軍統制辛康宗、左軍統制劉佃、後軍統制王師古、敢戰統制范瓊，悉出封丘門，遇金人皆敗，陳福歿於陣中。官軍披城歇泊〔五〕。己亥再戰，又敗。庚子，開門放官軍入城。唯選鋒統制韓世忠，先往應援東明縣獲勝耳〔六〕。斡离不得可勝，而問之曰：「兩國已通和，又來劫寨，何也？」可勝曰：「可勝以勤王兵到京師，三軍欲戰，故可勝率之以來，非朝廷之意也。」乃出懷中奏檢示之。斡离不怒，遂殺可勝。會編卷三三靖康元年二月一日丁酉條引遺史。

二月戊辰〔七〕，〔蔡〕懋爲行營使。李邦彦方主和議，忌李綱主戰，因其敗而中傷之。綱遂與种師道皆罷，乃命蔡懋爲行營使。諸統制既回，綱已罷矣。編年録卷一三靖康元年二月辛未「蔡懋尚書左丞」條引遺史。

〔五日辛丑〕康王及少宰張邦昌出使於斡离不軍中。康王之爲質也，金人見而憚之，遂欲別易親王，并要駙馬都尉一人。是時，割地議和已定，金人斂兵以待之。康王及張邦昌歸自虜寨，乃進張邦昌爲太宰。肅王及太宰張邦昌、駙馬都尉曹晟遂質於金國軍前。編年録卷一三靖康元年正月條引遺史。今按，會編卷三六靖康元年二月五日辛丑條亦引遺史此條，叙述有異，從「康王及張邦昌歸自虜寨」到「質於金國軍前」，會編作「乃遣太宰張邦昌從肅王及附馬都尉曹晟爲質」。本條月日據會編補。

辛丑，宇文虛中使斡离不軍，齎割三鎮詔書以往。編年録卷一三靖康元年二月癸卯「宇文虛中簽書樞密院事」條引遺史。

〔九日〕乙巳，復以〔宇文虛中〕簽書樞密院事，再使於斡离不軍前。姚平仲等既敗，乃除宇文虛中簽書樞密院事，使於斡离不，且言平仲等擅用兵甲〔八〕，幾誤和議，因遣割地使，割三關之地。編年録卷一三靖康元年二月癸卯「宇文虛中簽書樞密院事」條引遺史。

〔十日丙午〕金人既退，种師道請臨河邀之，三戰可使無噍類。若縱之去，他日禍不可測。李邦彥等不從，罷師道爲中太一宮使，五日一到朝堂議事。以姚古、种師中、折彥質、范瓊等領兵護金人過河〔九〕。邦彥奏立大旗於河東、河北，有擅出兵者，並依軍法。會編卷三六靖康元年二月十日丙午條引遺史。

〔十八日甲寅〕臣僚屢有章疏，言蔡京、蔡攸、童貫罪。侍御史孫覿等復上言曰：

臣等謹按，太師蔡京四任宰輔，前後二十年，挾繼志述事之名，建蠹國害民之政，而祖宗法度，廢移幾盡；託豐亨豫大之説，倡爲窮奢極侈之風，而公私積畜，掃蕩無餘。立御筆之限，以陰壞封駁之法；置曲學之科，以杜塞諫諍之路。汲引群小，充滿要途。禁錮忠良，悉爲朋黨。交通豎御，竊弄威柄。鬻賣官爵，貨賂公行。閨門混濁，父子訢爭。廝役官爲橫行，媵妾封至大國。書傳所記老姦巨惡，未有如京比者。太上皇屢因人言，灼見姦欺，凡四罷免。而近幸小人，相爲唇齒，恐失所憑依，營護壅蔽，既去復用。而京偃然自謂羽翼已成，根株盤固，不可摇動。兇焰益肆，復出爲惡。倡導邊隙，挑發兵端。連起大獄，報復睚眦。怨氣充塞，上干陰陽。水旱連年，赤地千里。盜賊滿野，白骨如山。人心攜離，天下解體。於是敵人乘虚鼓行，如入無人之境矣。況京在政和中，首建平燕之議，招納燕人李良嗣以爲謀主。京之誤國，固不可容。而興邊造患，父子相爲終始。且京被遇三朝，父祖子孫爲三公者二人，親執政者三人，登禁從者亡慮十數。名園甲第，僭擬宫禁。袍笏之寵，下逮童稚。顧京所蒙，何以論報！不圖邊警上聞，而京盡室數百輩，治舟楫，擁輕齎，一夕遁去。君父惸然坐圍城中，無一人有同患難之意。宰相非其人，遂使中國空虚，敵人侵侮，無所不至。而京猶善爲姦言，嫁怨飾非，獨使上皇負謗於天下。伏望敕使追還，早賜竄殛，稍正京父子誤國之罪。

是時，臣僚屢有章疏，論列不已。乃命蔡京責授中奉大夫、祕書監、分司南京，致仕。編年録卷一三靖康元年二月「甲寅貶責前宰執蔡京童貫蔡攸」條引遺史。

〔二十六日壬戌〕侍御史孫覿等上言：「按童貫竊據兵權幾二十年，出則爲宣撫，而不受制密院。入則領密院，而外兼行宣撫。跋扈不臣，隳壞法制，其罪有十。」又上言貫、攸之罪同者六。乃命童貫責授左衛上將軍，致仕。編年録卷一三靖康元年三月丙申「童貫自太師廣陽郡王徐豫國公責授左衛上將軍致仕池州居住」條引遺史。今按，本條月日據靖康要録卷二補。

靖康元年二月，朝廷遣張邦昌奉使斡离不軍前，邦昌請朱勝非同行。邦昌妻鄧氏，朱勝非妻之堂妹也。邦昌請勝非行，上俾勝非使於軍前計議，勝非疾趨之道中。即日上疏，論和議不可恃，劫質不足信，請大爲將來之防。又以邦昌所下檄榜，有挾虜勢以脅郡縣之意，皆上之。行將出疆，有旨召還，解使職，出知海州〔一〇〕。勝非字藏一，蔡州人，七歲喪父，執喪如禮〔一一〕。外氏欲奪其母而嫁之，不從。外氏强之，母乃薰目斷髮，示卒不可移。勝非總角讀書爲文，鄉先生稱爲遠器。年十四入郡庠，十八升貢入太學，踰年升上舍。崇寧四年，釋褐登第，累歷州縣官，後除太學正，歷兩任。徽宗以其久於儒官，恬静有守，除秘書省校書郎，兼校正御前文集〔一二〕。淵聖即位，時爲右司郎中，嘗使虜營往來計事，故邦昌請其行。會編卷二〇三紹興十三年二月條引遺史。

校勘記

〔一〕上意頗和　「和」，原卷後校勘記、袁本作「回」。

〔二〕上一日遣使伍輩　「伍」，原卷後校勘記、袁本作「五」。

〔三〕劫牟駝岡大寨　「牟駝岡」，明鈔本作「摩駝堈」。

〔四〕都人填隘於衢路顒待捷音　「隘」，袁本、文津閣本作「溢」。「待」原作「侍」，據原卷後校勘記及明鈔本、袁本、文津閣本改。

〔五〕官軍披城歇泊　「披」，袁本作「背」。

〔六〕先往應援東明縣獲勝耳　「耳」原作「而」，據原卷後校勘記及袁本改。

〔七〕二月戊辰　按，靖康元年二月丁酉朔，是月無戊辰日。靖康要録卷二、會編卷三三記李綱罷在二月三日己亥，己亥前一天爲戊戌，「戊辰」或是「戊戌」之誤。

〔八〕且言平仲等擅用兵甲　「平」字原闕，據會編卷三三靖康元年二月二日戊戌條引宇文虛中之言補。

〔九〕以姚古种師中折彦質范瓊等領兵護金人過河　「种師中」原作「种師道」，據袁本、皇朝編年備要卷三〇改。

〔一〇〕解使職出知海州　明鈔本作「解使事俄出知海州」，袁本作「解使事俄出海州」。

〔一一〕執喪如禮　袁本作「既除喪」。

〔二〕兼校正御前文集　「文集」，明鈔本、袁本作「文籍」，似是。

三月

三月庚子〔一〕，命趙野同蔡攸奉迎道君皇帝。編年録卷一三靖康元年正月辛未「蔡懋尚書左丞」條引遺史。

〔七日〕癸酉，蔡懋爲京城四壁守禦使。編年録卷一三靖康元年正月辛未「蔡懋尚書左丞」條引遺史。

〔十六日壬午〕金人犯京師也，城下之盟，割河北、河東三鎮以講和好，金人退兵。至是，太原猶堅守不下，而河間、中山亦爲國家守〔二〕。朝廷知三鎮人心不願割地，且議者謂三鎮之地不可割，遂令固守，乃降是詔。會編卷四三靖康元年三月十六日壬午條引遺史。今按，由「乃降是詔」一語可知，遺史當引用了詔書内容，但不知是全引還是節引。此詔書爲詔河北三帥固守三鎮，又見靖康要録卷四、東都事略卷四二所引。

〔二十七日〕癸巳，斬趙良嗣。要録卷一建炎元年正月一日辛卯條「癸亥，斬趙良嗣」小注云「趙牲之遺史在三月癸巳」。

校勘記

〔一〕三月庚子　按，靖康元年三月丁卯朔，是月無庚子日。靖康要録卷三、宋史卷二三徽宗紀記趙野、蔡攸奉迎道君皇帝事在三月七日癸酉。此處「庚子」或爲「庚午」之誤。

〔二〕而河間中山亦爲國家守　「中山」原作「山中」，據明鈔本、袁本、文津閣本乙正。

四月

四月〔十七日癸丑〕，臣僚又上言，童貫責授安化軍節度副使，郴州安置。編年録卷一三靖康元年二月甲寅「童貫自太師廣陽郡王徐豫國公責授左衛上將軍致仕池州居住」條引遺史。今按，月日據宋會要輯稿職官六九補。

五月

五月〔一日〕丙寅，責降童貫移英州安置。編年録卷一三靖康元年二月甲寅「童貫自太師廣陽郡王徐豫國公責授左衛上將軍致仕池州居住」條引遺史。

〔九日甲戌〕河北制置副使种師中軍真定，進兵解太原圍。去榆次三十里，金人乘間來突。師中欲取銀賞軍，而輜重未到，故士心離散。又嘗約姚古、張灝兩軍同進，二人不至。師中身被數創，裹創力戰，又一時，死之。朝廷議失律兵將，中軍統制官王從道朝服而斬於馬行市。朱子語類卷一三〇本朝四引遺史。今按，月日據會編卷四七補。

六月

〔三日戊戌〕种師中失利於榆次，金人急攻河東。种師道請會山西、陝西、京畿之兵，屯於青、滄、滑、衛、河陽，預爲防秋之計。朝廷不從，遂罷師道宣撫使。少宰吴敏、門下侍郎耿南仲以爲中國勢弱，夷狄方强，用兵無益，宜割三鎮以賂之。謝克家、孫覿、李擢、李會、王及之、王時雍、劉觀七人結黨，專附南仲，以堅和議。知樞密院事李綱以爲祖宗之地，義不可棄，割之徒資敵勢。使生靈陷於夷狄，豈爲民父母之道哉？上念祖宗疆土，哀惻黎元，乃從綱議，爲再援之計。敏、南仲請以綱爲河東宣撫使〔一〕，上欲用綱，而綱辭以非將帥才，不任其責。御史中丞陳過庭、侍御史陳公輔皆言李綱儒者不知軍旅，將兵必敗。又言綱忠鯁異衆，爲大臣所陷。他日成功亦死，敗事亦死，不宜遣綱。使綱出衄，則太原失守，貽憂近甸，禍生不測，非計之善。敏、南仲以他將庸謬〔二〕，無踰綱者，朝廷以樞衡之臣督責諸將，則孰不爲用？是時，太原安撫使張孝純數遣人以蠟書告急，上深念太原困悴，而朝議咸欲用綱，且見綱忠鯁果鋭〔三〕，期於立功，乃以綱爲河東宣撫使。公輔與諫官余應求言綱不當去朝廷，上怒，皆罷之。會編卷四八靖康元年六月三日戊戌條引遺史。

〔十八日癸丑〕先是，蔡懋二月罷尚書左丞，以資政殿大學士尹大名府，得宫祠，中書舍人安扶繳納詞頭論之。會編卷四八靖康元年六月十八日癸丑條引遺史。

〔二十七日壬戌〕綱以宣撫兵發京師，种師道送之，歸而歎曰：「兵可憂矣！」會編卷四九靖康元年六月二十七日壬戌條引遺史。

校勘記

〔一〕敏南仲請以綱爲河東宣撫使　「敏」，袁本無。

〔二〕敏南仲以他將庸謬　「敏南仲」，袁本作「耿南仲」。

〔三〕且見綱忠鯁果鋭　「綱」字原闕，據袁本及文意補。

七月

七月〔十三日〕丁丑，臣僚復論童貫罪惡當誅戮。奉聖旨，童貫罪大責輕，可移吉陽軍。編年録卷一三靖康元年二月甲寅「童貫自太師廣陽郡王徐豫國公責授左衛上將軍致仕池州居住」條引遺史。

〔二十一日乙酉〕京之愛妾二：曰慕容夫人，曰小李夫人。又童貫之子童五十者，認以爲妹，生子倴，復尚主。小李出其下，怏怏求出，遂嫁宣贊舍人曹濟，後爲湖南兵馬都監。京死潭州，李氏殯之於一僧寺。朱子語類卷一三〇本朝四據遺史修。今按，月日據宋史卷二三欽宗紀補。

八月

〔二日乙未〕李回上言：「太宰徐處仁初以蔡京薦，進自縣令。不三年，備位政府。縉紳駭其速化，而不聞其有善譽也。自金人退師，陛下採其治郡之能，擢爲首相。而不知大體，不通時變，不能副具瞻之望。」處仁由是罷相。編年録卷一三靖康元年「八月乙未徐處仁罷太宰」條引遺史。

〔三日丙申〕劉韐聞解潛敗，留張俊、苗傅於信德府而走，至京降八官〔一〕，落職，罷之。李綱初氣鋭而輕敵，潛既敗，綱氣遂挫，乃頓兵懷州不敢進，日與鄒柄、張牧論事，諸將稟事者，先請柄、牧，將士怨之。初，太原城中有將官楊可發者，面有六字，號爲楊麻胡，擦城出，欲招集人解圍。到盂縣〔二〕，約有衆千餘。忽邏得三人，乃繁畤縣東諸豪傑不肯順番，差往探太原事者。可發遂隨此三人至五臺山北繁畤縣東天延村招軍，四十餘日得二萬餘人，以五臺山僧李善諾、杜太師爲先鋒將〔三〕。到繁畤縣東十里鐵家會遇金人〔四〕，大戰至晚，衆皆散去。可發卻上五臺山，副僧正真希投拜。可發去五臺山，卻入盂縣，有衆二千。遇粘罕大軍至，可發自知其不可敵〔五〕，乃倚壁而立，以鎗自刺其腹而死〔六〕。瘡口無血，有白脂一塊隱出，塞定瘡口。至是，解潛之兵潰，劉韐奔入京師，李綱止屯於懷州，金人縱横於河東矣。會編卷五一靖康元年八月三日丙申條引遺史。

〔二十五日戊午〕〔許〕翰自靖康元年三月除同知樞密院事，是年八月，自太中大夫罷授延康殿學士知亳州，翰在樞府凡五月。罷之未幾，臣僚上言，翰在樞府，嘗移文督責种師中，使之出師以贖過。師中素剛，不受督促，遽與師決戰，以是敗績。又言翰任御史中丞日，未嘗一言及蔡氏。於是落職宮祠云。許翰之進，李綱所薦也。太原之役，翰督姚古、种師中進兵解圍，及兵敗城陷，綱已罷，遂併翰罷之。編年録卷一三靖康元年八月乙未「許翰罷同知樞密院事」條引遺史。月日據宋史卷二三欽宗紀、卷二一二宰輔表補。

回，靖康中爲諫議大夫，屢言吴敏爲相無狀。敏既罷，乃除回簽樞。編年録卷一三靖康元年八月乙未「李回簽書樞密院事」條引遺史。今按，據宋史卷二三欽宗紀、卷二一二宰輔表置於此日下。

〔二十六日己未〕敏自靖康元年二月拜相，至是年八月罷，入相踰半年。御史中丞李回上言：「少宰吴敏，初以蔡京欲聯親議，遂以辟雍私試高等入仕，因與京結爲死黨。在上皇朝，縉紳目之，謂在劉昺、林攄之右。上皇内禪，叡旨先定。父子授受，夫復何疑。而敏因蔡攸刺得密旨，乃貪天功以爲己有。叨處二府，竊據相位。凡其施設，悉效蔡京，意在專權固寵。以小忿交争〔王〕黼座之前，二人因以不和，而天下之事遂致不決。」吴敏由是與徐處仁皆罷相。編年録卷一三靖康元年八月「吴敏罷少宰」條引遺史。今按，吴敏罷相月日，據宋史卷二三欽宗紀、卷二一二宰輔表補。

徐處仁、吴敏既罷，乃以唐恪爲少宰。恪爲宰相，首言蔡京、王黼、童貫之徒其黨甚衆，不宜深治失人心。候事定日，奏知上皇，即肆諸市朝亦可。當時以恪爲三賊之黨。編年録卷一三靖康元年八月乙未「唐恪少宰」條引遺史。今按，唐恪爲少宰，與徐處仁、吴敏罷相在同一日，故將此條置此。

校勘記

〔一〕至京降八官　「京」，明鈔本、袁本作「京師」。「降八官」，袁本作「降官」。

〔二〕到盂縣　「盂縣」原作「虞縣」，袁本作「盂縣」。按虞縣乃秦置，屬今河南省，北魏初廢。宋有盂縣，在今山西省，與此段叙述相合，故改。下同。

〔三〕以五臺山僧李善諾杜太師爲先鋒將　「李善諾」，明鈔本、袁本作「吕善諾」。「杜太師」，明鈔本作「杜大師」，似是。

〔四〕到繁畤縣東十里鐵家會遇金人　「會」，原卷後校勘記、袁本作「嶺」。

〔五〕可發自知其不可敵　「敵」字原闕，據原卷後校勘記及袁本、文津閣本補。

〔六〕以鎗自刺其腹而死　「鎗」原作「搶」，據袁本改。

九月

〔三日丙寅〕金人攻太原，築長城圍其外，用雲梯、礮石、鵝車、洞子，分道併力攻衝〔一〕。張孝純與王稟死守，朝廷遥加孝純檢校少保、武當軍節度使。姚古、种師中、解潛、張灝以兵赴援，解潛兩敗績，古、師中、灝一敗績。太原以糧盡而援兵不至，軍兵多餓死。稟知太原不可守，乃走入統平殿取檀香御像，以匹練繫於其背，縋城投溪而死。會編卷五三靖康元年九月三日丙寅條引遺史。

〔王〕寓爲起居舍人，正月諫親征，罷之。未幾，復除禮部侍郎，遷翰林學士。至是，除尚書左丞。王寓新除尚書左丞，詔寓使于金國軍前，奉五輅而行之。編年録卷一三靖康元年十月「壬子王寓尚書左丞」條引遺史。今按，會編卷五二繫此事於靖康元年九月三日丙寅，故將此條置此。

〔十三日丙子〕王安中到象州，有詩曰：「後人誰促漁陽戰，舊守猶遷象郡來。」會編卷五四靖康元年九月十三日丙子條引遺史。

九月，臣僚又上言：「臣獨論其可殺而不可赦者，壞太祖之兵制，敗真宗、仁宗之信誓，通萬里之小夷，殘百餘年之與國。虜后欲歸，卻其表而不受。虜主潛遁，指其踪而使擒。契丹舊臣，痛入骨髓。假手女真，俾之報怨。旁結西夏，共爲敵讎。」又上言：「今者切聞有司檢校其家，器用復有校椅以青龍首、金銀絲背爲飾者，不軌踪跡暴白，無甚於此。」淵聖降旨，童貫罪十：薦朱勔起花石；引趙良嗣滅契丹；修延福宫等；朕在東宮，屢爲搖動；策立之時有異語；不俟敕命，擅去東南；差留守不受命；東京被圍，聞之而去；家中有非法之物；私養死士。罪不容誅。差監察御史張澂追貫行刑。編年録卷一三靖康元年二月甲寅「童貫自太師廣陽郡王徐豫國公責授左衛上將軍致仕池州居住」條引遺史。今按，會編卷五〇、靖康要録卷九，載臣僚上言及童貫被斬時日，在靖康元年七月二十七日。或編年録引遺史原文即作「九月」，此處遵從編年録，並根據此條內容，置於下條「斬童貫於南雄州」前。

〔十六日〕己卯，斬童貫於南雄州，函首赴闕。編年録卷一三靖康元年二月甲寅「童貫自太師廣陽郡王徐豫國公責授左衛上將軍致仕池州居住」條引遺史。今按，童貫被斬月日，要録卷一建炎元年正月一日辛卯條作靖康元年七月二十七日辛卯，且引遺史曰：「童貫以八月乙卯誅于南雄州之使院。」疑編年録引遺史時，將「八月」改作「九月」，將「乙卯」改作「己卯」。

〔十九日壬午〕太原既陷，金人使王汭持右副元帥斡离不書〔二〕，必欲割三鎮之地。以謂一鎮既得，兩鎮不可不割。又誘説執政曰：「大金地廣，非欲固得三鎮。但朝廷既以許之，不宜背約。使南朝能以三鎮賂大金，大金必不受，以全和好。然信義者，鄰國之寶，豈可去之？使金人以失信責南朝，提兵再來，則何以禦得？」汭詭詞蔓衍，指天地爲誓而縱其説，耿南仲以爲然。上念太原之失，重惜河朔兩鎮爲畿甸之垣屏〔三〕，乃通好於斡离不，許以金帛寶貨〔四〕，以贖兩鎮。命將作少監王及之爲國信使，以禮遣汭還〔五〕。會編卷五六靖康元年九月十九日壬午條引遺史。

校勘記

〔一〕分道併力攻衢　「分道」，明鈔本作「城道」，袁本作「城頭」。

〔二〕金人使王汭持右副元帥斡离不書　「王汭」，明鈔本此段皆作「王芮」。他書或作「王汭」，或作「王芮」。

〔三〕重惜河朔兩鎮爲畿甸之垣屏　「垣屏」，袁本作「屏藩」。此句後文津閣本又有「北門之管籥」一句。

〔四〕許以金帛寶貨　文津閣本作「許以金帛寶貨等物」。

〔五〕以禮遣汭還　文津閣本作「厚加禮于王汭而遣之還」。

十月

〔五日丁酉〕夏人入寇，奄至懷德軍城下，通判杜翊世力請知軍劉銓率衆死守，運火牛、發石機、櫑木、泥毬擊之。翊世身自撫循，士皆感激奮勇〔一〕，箭無虚發，賊死傷萬計，遂忽引去〔二〕。翊世字元弼，成都華陰人，累官至朝議大夫。會編卷五七靖康元年十月五日丁酉條引「幼老春秋與遺史」。

〔十七日己酉〕上出郊，按礮而竿折，拽礮人有死者。上不悅，賞賚有差，因登城北壁而還。是時，金人在河東、河北，謀兩路侵入，有礮五百餘座在郊外，不收入城。兵部則曰：「屬朝廷，係樞密院合收。」樞密院則曰：「自有所屬耳。」軍器監提舉官，内侍也，方以罪去。京城所則曰：「京城所掌守禦也，未守禦，何預於我哉？」或謂駕部當理會，駕部則曰：「庫部何不收？」終不能津般入城〔三〕。既金人犯城下〔四〕，盡爲攻城之用。會編卷五八靖康元年十月十七日己酉條引遺史。

〔十八日庚戌〕先是，麟府折可求獻言：「夏國之北有天祚子梁王，與林牙蕭太師統兵十萬，出榜稱：『金人不道，南朝奸臣結納，毁我宗社。今聞南朝天子悔過遜位，嗣君聖明，如能合擊金人，立我宗社，則前日敗盟之事，當不論也。』」吴敏以爲然，乃奏上，令致書梁王，由河東入麟府，爲粘罕遊兵所得。要録卷一建炎元年正月一日辛卯條小注引遺史。

先是，王雲奉使還時，太原未陷，金人亦頗厭兵，遣雲來只要三鎮租税，限半月到燕山府。仍要朝廷遺使，命三人分往三鎮告諭，從初請則便可解兵，仍不得爽約。雲星夜奔馳到京師，入奏，上大悅，顧問大臣，皆不肯許之。雲與少宰吴敏素不協，以事黜責出雲唐州〔五〕。雲猶再三抗疏論列利害〔六〕，敏百端沮之，竟不遺。至是，敏已罷相，王汭還〔七〕，朝廷遣雲偕行。少宰唐恪令翰林學士承旨吴开作告議，以懇三鎮之地。其略曰：「若恤鄰存好，則洪恩再造。提師再至，則宗廟殞亡。」識者咸哂其氣沮弱而言不祥。會編卷五八靖康元年十月十八日庚戌條引遺史。

〔二十六日戊午〕是日〔絳州〕軍亂，守臣李元孺、通判徐昌言棄城走，軍民劫軍資庫。蓋四川一百八綱盡在絳州下卸，然後河東州軍轉請，人知富饒，遂致攘取，帑藏爲之一空。會編卷五九靖康元年十月二十六日戊午條引遺史。

靖康元年十月，殿中侍御史胡舜陟言涪陵人譙定究極易數，逆知人事，洞曉諸葛八陣法，遂詔令赴闕。紀勝卷一七四夔州路涪州人物引遺史。今按，要録卷八、宋史全文卷一六、宋史卷二四高宗紀一皆記載譙定赴召在建炎元年八月十五日壬申，而方輿勝覽卷六一記譙定赴召在靖康初。

校勘記

〔一〕士皆感激奮勇　「奮勇」，明鈔本作「争奮」。

〔二〕遂忽引去　「忽」，原卷後校勘記、袁本作「急」，文津閣本作「皆」。

〔三〕終不能津般入城　「津般」，袁本、文津閣本作「盡搬」。

〔四〕既金人犯城下　「金人」，袁本作「賊人」，似是。

〔五〕以事黜責出雲唐州　原卷後校勘記作「以事出責雲知唐州」，明鈔本作「以事黜責雲知唐州」，袁本作「以事黜責雲唐州」，文津閣本作「以事黜責雲出唐州」，皆不同。

〔六〕雲猶再三抗疏論列利害　「猶」，明鈔本、袁本、文津閣本作「獨」。「再」原作「在」，據原卷後校勘記及明鈔本、袁本、文津閣本改。「三」字原脱，據原卷後校勘記及明鈔本、袁本補。

〔七〕王汭還　袁本作「至王汭還」。

十一月

〔一日壬戌〕先是，十月夏人攻懷德軍，通判杜翊世禦退之。是月，夏人再寇懷德軍，潛穴地道以貫城中，凡十數處。是日曛黑，衆穴洞徹，賊蟻綴而出〔一〕，城中驚駭。翊世大呼，蹀血鏖戰，以疲兵千餘當賊數萬。自度必敗，即縱火悉焚芻稾帑藏。黎民盡逃，賊盡入〔二〕，官軍殲焉。賊脅翊世使降，翊世瞋目叱之，義不受辱，遂火其室，舉家畢死於烈焰中，翊世解紅羅帶自縊死〔三〕。建炎元年八月，涇原路經略以聞，贈五官，與恩澤十資，以所居爲忠義坊。會編卷六一靖康元年十一月一日壬戌條引遺史。

十一月〔十四日乙亥〕，康王使于金國斡离不軍前。知樞密院事馮澥使于金國粘罕軍前，李若水副之。編年録卷一三靖康元年「十月丁未馮澥知樞密院事」條引遺史。今按，月日據東都事略卷一一、宋史卷二三欽宗紀補。

〔二十日辛巳〕磁州有崔府君祠，乃東漢之崔子玉，名犯孝宗舊諱，從玉從爰。封嘉應侯，號曰應王。及上至磁州，人擁神馬，謂應王出迎。守臣宗澤啓上謁其廟，而王雲爲百姓所害。磁州人力請上無北去，上乃回相州，召勤王兵。紀勝卷一行在所宫觀廟宇引遺史。今按，原無確切月日，紀勝引時，前有「中興小曆及趙甡之中興遺史並云」句，此據小曆卷一補入月日。另，「名犯孝宗舊諱，從玉從爰」一句原混入正文中，現據文意改爲注文。「孝宗」一詞或是紀勝編撰者所改。

〔二十一日壬午〕淵聖嘗夢爲兩日所逼，乃改聶山爲昌以壓之。要録卷一建炎元年正月一日辛卯條引遺史。

校勘記

〔一〕賊蟻綴而出　「出」原作「升」，據明鈔本、袁本、文津閣本改。

〔二〕黎民盡逃賊盡入　明鈔本、袁本作「黎明賊盡入」。原卷後校勘記曰：一作「黎明賊盡入」。

〔三〕翊世解紅羅帶自縊死　「紅羅帶」，文津閣本作「佩羅帶」。

閏十一月

〔一日壬辰〕車駕幸京城南壁，撫勞士卒如前。已而幸宣化門，徒步登拐子城親視虜營。悉屏侍衛，惟内侍數人從，偶雪作泥滑，身被鐵甲，步履如飛。上在南薰門下，張叔夜領兵於城下起居〔一〕，軍容整肅，上喜之〔二〕，命移軍入城。叔夜遂與吳革偕入城，加延康殿學士、内外兵馬都總管。即城樓，命取宰相何㮚笏頭金帶以賜之。叔夜言郭京狂率，必敗事，請因金營壘未全，率諸將擊之，其敗可必。上不從。初，吳革以王命使陝西勾兵爲京城援，既出城，遇虜騎已犯闕，革行不能進。知叔夜自潁昌入援，乃會合叔夜，戮力轉戰。至京〔三〕，遂同叔夜入城。革面奏乞量差軍馬奪路赴陝西，叔夜固留革充統制官。京城四壁共十萬人，諸將募戰士，市中黄旗不可勝計，應募者悉庸常寒乞之人，無鬭志。詔五嶽觀、上清宮等屯衛，以備非常。數遣使懷蠟書間行出關召兵，又約康王及河北守將合兵入援，多爲邏者所獲。會編卷六六靖康元年閏十一月一日壬辰條引遺史。

城中百姓疑城内有姦細〔四〕，亂收捉良民，斬首毆擊致傷者不可勝數〔五〕。樞密承旨王健下京畿弓手尹奇者，疑使臣十餘人爲姦細，鼓衆殺之，并毆健，内前大擾。殿帥王宗濋引兵收捕，斬數十人乃定。健創置奇兵，遂爲奇兵統領官，而何㮚領之，有識者莫不以爲笑。蓋自古兵法，皆臨機對敵，奇正相變，無非正兵也。出奇用之，則爲奇兵耳，未聞預以奇兵自名者。況未嘗出奇，何奇之有？會編卷六六靖康元年閏十一月一日壬辰條引遺史。

先是，唐恪建言金人今冬必來，勸淵聖陰爲避狄之計，乞早幸洛陽，或幸長安，召天下兵。然京師諸軍懷土不肯去，乞速召四道總管扈衛而行。淵聖以恪之言問之㮚，㮚曰：「雖周室東遷，不如是之甚。譬如不肖子盡挈父祖田宅而鬻之。」而左右之人亦皆不欲遷。次日，淵聖激怒曰：「朕當死守社稷！」恪力請罷相，遂以觀文殿大學士、中太一宮使兼侍講罷之。以㮚爲尚書右僕射。編年録卷一三靖康元年「閏十一月壬辰唐恪罷少宰」條引遺史。

〔十五日丙午〕聶昌往河東割地，而劉岑爲之副，與虜使偕行。至絳州，知州、通判皆已棄城走，城中以宗室子清權知州事。昌令岑與城上語，且將告以人主在圍城中憂危不安，宜速割地以退金人之兵。岑許之。至城下問守者爲誰，子清曰：「知、通皆棄城走，百姓無依，獨子清爲國家宗族〔六〕，遂衆推子清權知州事。公是朝廷官，安得與虜人同行？得非欲割絳州以講和乎？」岑曰：「聖上方危而不安，君能割地，則割地以紓朝廷之急。如不能割地，何不起河北之兵勤王，保衛社稷？」絳人怒昌之割地，而喜岑之詞直。子清乃率百姓攻之，捉昌同虜使皆殺之，岑走陜西〔七〕。會編卷六七靖康元年閏十一月十五日丙午條引遺史。

金人連日攻城，其勢危甚。將士出戰者酬賞太輕，故人不用命。〔張〕師雄因叩宰相何㮚馬前，大呼曰：「有鄙見破敵利便，乞詣都堂取稟。」㮚馬上呼曰：「請赴都堂相見。」師雄入，至都堂取稟，㮚叉手斂身問：「有何計策？」師雄曰：「敵人晝夜攻城不休，相公以爲安乎？爲危乎？」㮚曰：「可謂危矣〔八〕。」曰：「相公料京城可破乎？不可破乎？」㮚蹙額曰：「此不必言也。」師雄曰：「今日之事，别無奇謀秘計可以退敵。唯有不惜重賞，傾府庫以賞將士，激起其貪金帛官爵之心，乃可以敵耳。」㮚曰：「賞非不厚也。」師雄曰：「今日之賞不百倍，不可謂厚。」因出劄子，大略言：

方今天子坐圍城中，非錙銖毫髮計功頒賞之時。前日統制官高師旦以血戰而死，朝廷何惜捐黄金數百兩、銀數千兩、絹數百匹以賜其家，并録其子息，盡與師旦見任一般官爵，仍賜第宅禄廩，贍養其屬，則統制將帥不患不戰矣。又如軍兵出戰，果入陣交鋒，但不是怯敵退走之人〔九〕，則犒賞銀絹。其有獲級者，每一級别賞銀百兩、絹百匹不爲多也。用銀一千萬兩、絹一千萬匹，可以獲十萬級。信能行此，不唯軍兵出戰争功，雖百姓亦不惜命而往矣〔一〇〕。其間應得官者，仍等第授官。彼亡殁者，往往是先登效命之人，亦依獲級例支銀絹賜其妻孥。有竭力鏖戰以死者，厚以金帛旌别之。寵賁其英魂，官其子孫，則軍兵不患不戰矣。又軍兵平日飢寒，當今日用人之際，以單寒之身暴露在風雪中，誠爲不易。緩急敵人攻城，欲其盡命以相拒，不亦難乎？請括在京質庫户，每家出備十人綿襖、綿袴、綿襪、納襖、納襪，除鞋外並不得用麻。如敝損不堪及綿薄之類，皆重作行遣。一萬家可得十萬人衣服，温暖如此，然後軍兵樂戰而忘死矣。師雄亦開質庫，願先倍於衆人，出備二十人衣裝。然將士之心，可以利動，出金銀錢絹於諸門上堆垛，揭榜云：「犒賞出戰將士之物，應受賞者日下支給。」此蓋狙公賦芧朝三暮四之法，用得其道，可以得人之赤心，人心不患不勇矣。且金銀錢絹，在今日不足惜。萬一防守疏虞，雖一撮之土、一勺之水、一寸之草，皆爲敵人之所有。以此思之，傾庫府激勵將士，誠爲長策。假是一日用銀十萬兩、絹十萬匹，一歲計之不三千五百四十萬匹兩耳。國家府庫儲積幾二百年，豈不能支數年之用？又豈有積年受圍不解之城？大抵有功則有賞，將士有功，則敵人減數〔一一〕，必無增添之人。以數計之，府庫未盡，敵人減數，滅無遺類。況宗室、戚里、權貴與形勢富豪之家不可勝數，或圍閉半年不解，則人人不惜家貲，必盡出之以助國家賞戰士，此何疑哉？

㮚讀畢大笑，曰：「平常之論，特厚賞而已，誰不知？」師雄曰：「天子坐圍城中，憂在旦暮，宗廟社稷，危如綴旒，不用百倍之賞，激起將士之心，何以退敵？願相公毋忽。若此策果行，然後第二策可以兼行耳。」㮚問之，師雄曰：「厚賞既至，不可無重罰以督責之。如出戰不用命，或見敵先卻，當先戮其妻孥，使其親見，然後斬以徇衆。則人人知慕爵賞而畏族誅，雖怯懦者變而爲勇鷙矣。」㮚曰：「賞罰者有常典，皆不宜過。」師雄曰：「今日乃非常之時，不可以常法治。不用不妨，但恐後悔無及耳。」㮚曰：「待容理會。」師雄曰：「事急矣，不可待也。今日國家宗廟社稷、兩宮至尊、后妃嬪御、諸王帝姬及滿城數百萬生靈，皆寄於守城官兵之手。若進戰則俱存，或退卻一步〔一二〕，則禍變有不可言者。相公試觀諸軍兵，隨身衣裝不得温暖外〔一三〕，有籍在否？天下國家宗廟社稷之重，付之於無所籍在之人〔一四〕，其利害輕重不同遠甚。在彼者利害既輕，責其宣力效死，不亦難乎？師雄每思至此，心寒膽碎。若能以厚賞激其戰心，使人人皆有希覬富貴之路，則彼此有所顧籍，不患其不效力矣〔一五〕。願相公以兩宮至尊坐圍城爲念，不可以邊陣將士立定賞格爲比。」梟曰：「甚好，謹拜教，便當即行〔一六〕。」師雄遂退。會編卷六七靖康元年閏十一月十五日丙午條引遺史。

見李擢降官，而後知京城當陷也。曰：守城之罰太輕，不可以行威於人矣〔一七〕。會編卷六七靖康元年閏十一月十五日丙午條引遺史。

〔十八日己酉〕奉聖旨，訪知州郡糾合軍民，共欲起義，此祖宗涵養之俗，天地神祇，所當佑助。檄到日，康王可充兵馬大元帥，同力協謀，以濟大功。要録卷一建炎元年正月一日辛卯條引「趙甡之遺史載帛書」。

〔十九日庚戌〕先是，朝廷屢遣使請和，李處權借司農少卿嘗使於軍前，粘罕、斡离不佯許和，且請親王出使。處權反命，上甚喜，復欲遣處權行〔一八〕，乃曰：「若和議成，當除卿僉書樞密。」於是，執政恐處權之成功也，乃建議遣曹輔、馮澥，而以宗室士訴代親王行。出城，粘罕使問親王名諱，曰士訴。粘罕曰：「既是親王，何不與皇帝連名？」答曰：「人臣不敢與君父連名。」粘罕曰：「燕王俁以下〔一九〕，皆與君連名，士訴不連名，詐也〔二〇〕。」或告粘罕曰：「士字號，宗室耳，詐僞親王也。」粘罕怒，攻城益急。會編卷六八靖康元年閏十一月十九日庚戌條引遺史。

〔二十六日丁巳〕城初陷，滿城人鼎沸，莫知所從。閭巷間群不逞有喧言奪城而出可以逃性命。劉延慶及其子光國斬關門出，萬勝門扉大啓，於是班直及西兵、百姓喧譟而出者數萬。既出門，莫知所向，循城南駐於瓊林苑中。有忠訓郎張永祺者，嘗爲余言：「城陷之日，身在西水門作守禦官〔二一〕。城陷之夜，官兵猶守地分，翌旦方棄城逃遁。永祺下城時，已聞百姓喧傳萬勝門放人出。」又保義郎吴琦者，爲南平軍兵馬監押，與余同僚，亦爲余言：「城陷之日，身爲親事官，逃命奔竄，無所適從。次日黎明，聞市人喧傳萬勝門開，遂走往萬勝門，扉果大啓，乃隨衆而出。既到瓊林苑中，已見延慶父子整齊人作隊伍。」然則萬勝門自城破之後現啓矣〔二二〕。孫覿辭免待制狀亦云：「京師失守之時，夜至二更宣召〔二三〕，自宜秋門以入，已見衣冠士俗毁容易服，纍纍然趨萬勝門而出去。」然則萬勝門自城破之後已大啓，復何疑？是知延慶父子斬關出奔在城破之夜，實丙辰也。蓋延慶之第與萬勝門相近也。軍民數萬争奔，至丁巳日辰巳刻之間。而朝野僉言之書載其事甚明，至延慶子光世統兵，好事者諂奉之，乃改。朝野僉言曰：「上集衛士二千餘人〔二四〕，環甲胄，欲爲避狄之計。張叔夜、劉延慶勸上出走，上未決。延慶曰：『先爲陛下奪一門。』延慶父子奪萬勝門出，門外候駕。覿親王二人坐於明節皇后之門臺〔二五〕，又見張海、張宏率馬兵奪門，不克而去〔二六〕。」蓋城陷之翌日也。是時，市井洶詾猶未定，上登宣德門諭百姓，百姓請器甲〔二七〕。當是之時，未有播遷之意，而延慶父子未嘗見上已出奔矣。又一日方有蔣宣、李福邀駕出奔之事，實戊午也。故孫覿辭免待制狀又言：「二十七日，衛士雜然欲邀駕跳幸，而賊騎四合，無所向。」此事甚明。後人覽朝野僉言者，當求舊本，而改本失實，故不可以不詳辯。會編卷七〇靖康元年閏十一月二十六日丁巳條引遺史。今按，「朝野僉言曰」以下，許本不在中興遺史條下，而是另起一段。根據前後文意及原卷後校勘記、明鈔本、袁本，知此段亦爲遺史原文。

是日黎明，有旨百姓赴宣德門請甲救駕。使命雜踏，傳呼滿路，其聲甚哀。已而，上御宣德門，百姓喧亂不定。有王倫者，乘勢往趨御前〔二八〕，上問曰：「誰？」倫奏曰：「百姓喧亂，臣是王倫，能壓之〔二九〕。」上急命彈壓。倫曰：「臣未有官，豈能彈壓？」因自薦其才。上急取紙筆，除批倫爲吏部侍郎。倫下樓，已先備惡少數人在樓下，令傳呼侍郎來。倫字正道，開封人，宰相旦之後，有縱横之才，少游市井間，群小皆高其能而伏之。倫遂傳旨，撫諭百姓皆定。上親諭軍民，上露腕凴欄大呼於衆曰：「事體至此，軍民欲如何？有謀者即此獻陳，朕當聽從。失守之罪，一切不問。」仍命百姓請甲及軍器等前去，各保老幼。上倉皇不覺墜帽，百姓奏聞間，稱你我而已。士庶初慮有播遷意，因泣告於樓下曰：「陛下一出，則生靈盡遭塗炭。」上大呼曰：「寡人以宗廟之重，豈敢離此？」士庶號泣，上亦爲之泣涕。何㮚以倫小人無功，除命太峻，奏繳其旨，止補修職郎。會編卷七〇靖康元年閏十一月二十六日丁巳條引遺史。

李若水初同馮澥奉使留軍中，澥已歸而城陷。館伴偕若水説〔三〇〕：「景王請命書上猶有御寶，料城中未甚亂。國相教徽猷來，欲令入城。」若水遂同館伴者至城破處見粘罕、斡离不，云：「京城已破，可遽歸報皇帝勿須播遷，五百里内皆吾兵也。且請處置内事，恐防内亂。」又曰：「可令何相公來議事。」若水入對，上見若水，失聲而驚曰：「卿元來也？大事如何？」若水具對，遂留宿殿中。會編卷七〇靖康元年閏十一月二十六日丁巳條引遺史。

〔二十七日戊午〕官吏軍民争萬勝門出者無路可行，悉循城而南，聚於瓊林苑中，不啻十數萬，劉延慶及其子光國在焉。延慶欲整行伍〔三一〕，勸以同力協心，奪路求生，衆皆唯唯。終夜喧呼，或曰：「無故而呼者，恐人心不固矣。」是日質明，延慶率衆直西以進，過普安院，望金人鐵騎遍滿原野，衆不敢行。延慶曰：「金人不足畏，我以死命當之，彼自敗矣。」衆不應。延慶曰：「試使我之子大太尉往嘗之。」乃呼光國，激之曰：「汝以五十騎往嘗寇，以堅軍民之心，然後奪路而去〔三二〕。」光國以五十騎直犯金人鐵騎，金人皆按轡，或持弓，或横槍不動，光國揮戈馳馬而還。延慶曰：「光國五十騎尚能進，況軍民數萬皆死命乎〔三三〕？」乃强率之，衆不能已而趨。遇金人鐵騎縱横衝突，衆皆星散而潰。

延慶及光國皆死於亂兵中。有得脱者悉走京西，聚爲盜賊，李孝忠、党忠、祝進、薛廣、曹端、王在之徒皆是也。會編卷七〇靖康元年閏十一月二十七日戊午條引遺史。

是日，上四軍班直猶有萬餘，馬亦數千，及護駕人馬等皆欲奪鄭門而出。指揮使蔣宣、李福引衛士數百人入祥曦殿中，大呼：「請官家速出，遮裏不是官家住處！」其勢甚遽。上曰：「教我去那裏？」衆兵曰：「須與官家奪得一路。」宣控馬扶上使乘，内侍斥宣無禮，宣怒殺之，上與大臣皆失色。李福叩頭曰：「蔣宣非敢無禮，欲救官家於禍難中。番人詭詐，和議不可信。宰相、内侍多是細作，願陛下速決。」上命左右開諭，因趨入，衆兵猶追之不已，上復親撫諭之。忽聽禁中喧擾，衛士有乘隙於禁中盜物者，何㮚、孫傅以宣、福無禮而致亂，乃令四廂指揮使左言捉作過衛士數十人送開封府。是日，金人漸有三三兩兩下城劫掠者〔三四〕，並不殺人。又軍兵乘亂，恣行劫奪，略無忌憚。士庶皆奔走，城東徙於城西，城西徙於城東，狂行交互〔三五〕，莫知所適。父子夫婦不相保守，至有全家自縊自殺者。又有由東西角門而入舊城者。汴、蔡兩河遺棄老幼屍骸堆聚，哀號之聲所不忍聞。公卿大夫皆布袍草履混迹塵世，雖貴戚之家，皆泥土滿面而不洗拭，衣襉絮紙被，取類丐者。是夜，四壁火光猶赤，照耀城中。會編卷七〇靖康元年閏十一月二十七日戊午條引遺史。

〔三十日辛酉〕是日昧爽，有詔：「大金和議已定，朕以宗廟生靈之故，躬往致謝。咨爾衆庶，無致疑惑。」平旦，上擁數騎將出南薰門，何㮚、陳過庭、孫傅等從，曹輔、張叔夜留守彈壓。駕至南薰門，城上皆金人守城，有一人自稱統制，厲聲曰：「奏知皇帝，若得皇帝親出議和公事甚好，且請安心。」上欲下馬，城上金人皆避走，云：「奏知皇帝，不是下馬處。」遂立馬如初。又云：「已差人覆國相元帥，且立馬少時，容治道。」凡駐駕一時久，門扇乃開。見金人鐵騎滿甕城中，乃夾道擁衛而去。至青城中途，金人又奏云：「請徐徐行，容爲安排皇帝行宫。」又立馬一時久。至齋宫門外，上欲下馬，金人又云：「奏知皇帝，請裏面下馬。」乃入齋宫側一小位中。粘罕遣人奏知皇帝：「二太子在劉家寺，日已晚，容來日相見。」又奏云：「不知曾帶被褥來否？欲供進，又恐寐不安〔三六〕。」是夜，上宿齋宫。初，百姓父老見上出城，争持金銀綵帛往獻軍前，自内門至南薰門不絶，人跡如蟻。迨晚，車駕未回，人情恟懼。俄頃，有黄旗自南薰門入，云：「駕前傳報平安。」詔曰：「大金已許議和，事未了畢。朕今留宿，只候事了歸内。仰軍民各安業，無致疑惑。」士庶讀詔還〔三七〕，通夕憂慮。會編卷七〇靖康元年閏十一月三十日辛酉條引遺史。

校勘記

〔一〕上在南薰門下張叔夜領兵於城下起居　「南薰門下」，文津閣本作「南薰門上」，似是。「起居」原作「獨居」，據明鈔本、袁本、文津閣本改。

〔二〕上喜之　袁本作「上嘉之」。

〔三〕至京　明鈔本、袁本、文津閣本作「至夜」，似是。

〔四〕城中百姓疑城内有姦細　「有」原作「外」，據原卷後校勘記及袁本改。

〔五〕斬首毆擊致傷者不可勝數　「者」字原闕，據明鈔本、袁本補。

〔六〕獨子清爲國家宗族　「獨」，明鈔本、袁本、文津閣本作「謂」。

〔七〕而喜岑之詞直子清乃率百姓攻之捉昌同虜使皆殺之岑走陝西　文津閣本此句作「而害昌岑走陝西」。「捉」，明鈔本、袁本作「執」。

〔八〕可謂危矣　明鈔本、袁本作「可謂危甚」。

〔九〕但不是怯敵退走之人　「退走」，袁本作「逃走」。

〔一〇〕雖百姓亦不惜命而往矣　「雖」字原闕，據明鈔本、袁本及文意補。

〔一一〕則敵人減數　袁本此句後又有「敵人減數」四字。

〔一二〕或退卻一步　「退卻」，明鈔本、袁本、文津閣本作「退那」。

〔一三〕隨身衣裝不得温暖外　明鈔本「隨」前有一「除」字，似是。

〔一四〕付之於無所籍在之人　「之人」原作「之外」，據明鈔本、袁本、文津閣本改。

〔一五〕不患其不效力矣　「力」字原闕，據原卷後校勘記及明鈔本、袁本補。

〔一六〕便當即行　明鈔本、袁本作「便當施行」。

〔一七〕而後知京城當陷也曰守城之罰太輕不可以行威於人矣　「當陷也曰」原作「當陷七日」，據明鈔本、袁本改。「於人」，明鈔本作「令」。文津閣本無此條。

〔一八〕復欲遣處權行　「欲」字原闕，據明鈔本、袁本、文津閣本及前後文意補。

〔一九〕燕王俣以下　明鈔本、袁本作「燕王越王以下」。

〔二〇〕詐也　文津閣本作「何也」。

〔二一〕身在西水門作守禦官　「西水門」，原卷後校勘記、明鈔本、袁本作「西水門之北」。原本「守禦官」前又有一「見」字，袁本無，據文意當是衍字，故删去。

〔二二〕然則萬勝門自城破之後現啓矣　「現啓」，明鈔本、袁本作「已大啓」。原卷後校勘記曰：「『已見』誤作『現』。」

〔二三〕夜至二更宣召　明鈔本作「夜二更被宣召」。

〔二四〕上集衛士二千餘人　「二」，明鈔本、袁本作「三」。

〔二五〕覩親王二人坐於明節皇后之門臺　「坐於明節皇后之門臺」，原卷後校勘記曰：「一作『坐於明節堂皇帝之門臺』。」袁本同校勘記。

〔二六〕又見張海張宏率馬兵奪門不克而去　「又」原作「入」，據原卷後校勘記、明鈔本、袁本及文意改。「馬兵」，明鈔本作「馬軍」。「不克而去」，明鈔本作「不克而散去」。

〔二七〕百姓請器甲　「百姓」二字原闕，據原卷後校勘記及明鈔本、袁本補。

〔二八〕乘勢往趨御前　「往趨」，原卷後校勘記、袁本作「徑造」。

〔二九〕能壓之　袁本作「能彈壓之」，似是。

〔三〇〕館伴偕若水説　「偕」，明鈔本、袁本作「見」。

〔三一〕延慶欲整行伍　「欲」，袁本無。此句明鈔本作「延慶整齪行五」。

〔三二〕然後奪路而去　「然後」，文津閣本作「終後」。「而去」，明鈔本、袁本作「而出」。

〔三三〕光國五十騎尚能進況軍民數萬皆死命乎　「五十騎」，明鈔本作「以五十騎」。「數萬」，明鈔本、袁本作「十數萬」。

〔三四〕金人漸有三三兩兩下城劫掠者　「三三兩兩」，袁本作「三兩人」。

〔三五〕狂行交互　「狂」原作「征」，據原卷後校勘記及明鈔本、袁本改。

〔三六〕又恐寐不安　「寐」，明鈔本作「寢」，袁本作「冒昧」。

〔三七〕士庶讀詔還　「還」，原卷後校勘記、明鈔本、袁本作「悉還」。

十二月

〔一日壬戌〕上在虜寨宿郊宮，與二酋尚未相見。遣使議事，索降表。上命孫覿草表，但言請和稱藩而已。使人齎草示粘罕，粘罕以爲未是。使人往來者數四，皆不中，而要四六對屬作降表。覿與吴幵互相推避不下筆，上曰：「事已至此，當卑辭盡禮，勿計空言。」促使爲之。於是，覿、幵與何㮚共草成之。其略云：「三匝之城〔一〕，遽失藩籬之守；七世之廟，幾爲灰燼之餘。既煩汗馬之勞，敢緩牽羊之請。」又云：「上皇負罪以播遷，微臣捐軀而聽命。」又云：「社稷不隕，宇宙再安。」上覽訖，謂孫覿曰：「對屬甚切，非卿平昔閑習〔二〕，安能及此？」使人齎草示粘罕，罕意不可，令其官吏同吴幵、何㮚數次改易。粘罕抹去「大金」二字，止稱「皇帝」。又去「大宋皇帝」字，止稱大金爲皇帝，而不自書國號。又改「負罪」爲「失德」。又指「宇宙」二字云：「大金亦宇宙也。」改爲「寰海」。上悉從之，長入祇候。王嗣在上左右，不知改易何語，但見上注思殫慮，軫動聖顏，至是始定。會編卷七一靖康元年十二月一日壬戌條引遺史。

〔十六日丁丑〕金人既破京師，駐兵城下，慮有四方勤王之兵，乃焚戮四輔州郡，以怠援兵之心，故分兵犯潁昌府。知府何志同棄城遁走，金人據其城，根括金銀物帛鞍馬不可勝計。又三日，縱火殺人，死者十七八。遂屯於潁昌。會編卷七二靖康元年十二月十六日丁丑條引遺史。

〔靖康元年末〕有孫賣魚者，楚州人，以賣魚爲生。有買者，孫賣魚必以蒲穿魚之眼而言曰：「只爲爾愚。」後屏去妻子爲道人，言人禍福多應。宣和間，召赴京師。未至，太上遜位，孫賣魚遂止於亳州太清宮。是日，孫賣魚方在市中，忽佯狂奔走入太清宮，視防虞桶内水徹底結冰，乃取磚石急擊之，而大呼曰：「冰厚，打不開！」凡呼數十聲，然後號咷大哭而去，人皆莫曉。有謾記其日時者，後知京城陷日時適相契。亳州人始異其言「冰厚，打不開」者，蓋寓言兵之厚也〔三〕。會編卷一〇〇諸録雜記引遺史。今按，紀勝卷三九淮南東路楚州仙釋亦引遺史所叙此事，但較爲簡略。此條會編繫在靖康二年下，現據京城攻破月日及紀勝卷三九置在靖康元年末。

校勘記

〔一〕三匝之城　明鈔本、袁本作「三里之城」，文津閣本作「千里之畿」。

〔二〕非卿平昔閑習　「平昔閑習」，明鈔本、文津閣本作「平居閲習」。

〔三〕蓋寓言兵之厚也　袁本作「蓋寓言兵之多爲厚也」。

靖康二年（丁未　一一二七）

正月

〔一日辛卯〕是日，有旨令百官僧道往軍前致賀，粘罕傳令止絶之。舊制，正旦日朝會，車駕坐大慶殿，諸國使人入賀，殿庭列法駕儀仗〔一〕，百官皆冠冕朝服，諸路舉人解首亦士服立班，其服二梁冠白袍青緣〔二〕。諸州進奏官各執方物入殿。諸國使人，大遼大使頂金冠，後簷尖長如大蓮葉，服紫窄袍，金蹀躞，副使展裹金帶如漢服〔三〕。大使拜見，立左足，跪右足，以兩手著右肩爲一拜，副使拜如漢儀〔四〕。夏國使副皆金冠短小幞製〔五〕，服緋窄袍，金蹀躞，皮靴，叉手展拜〔六〕。高麗與南番交州使人並如漢儀〔七〕。回紇皆長髯高鼻，以匹帛纏頭，散披其服。于闐皆小金花氊笠，金絲戰袍束帶，并妻男同來，乘駱駞氊兜銅鐸入貢。三佛齊皆瘦瘠纏頭，緋衣上織成佛面。又有南蠻五姓番，椎髻烏氊，並如僧人禮拜入見，旋賜漢裝金襖之類〔八〕。更有真臘、大理、大食等國，有時朝賀〔九〕。大遼使人在都亭驛，夏國在都亭西驛〔一〇〕，高麗在梁門外安州巷同文館〔一一〕，回紇、于闐在禮賓院。諸蕃國在瞻雲館或懷遠驛〔二〕，唯大遼、高麗就館賜宴。是歲，圍城中遇正旦，而命親王就虜帳中致賀，都人傷感，繼之以泣。會編卷七四靖康二年正月一日辛卯條引遺史。今按，孟元老東京夢華録卷六元旦朝會亦有「諸國使人」以下一段内容，但未言出處，或摘自遺史，或與遺史同源。

〔二日壬辰〕金人二十一人詣國子監，謁宣聖。要録卷一建炎元年正月二日壬辰條據遺史修。

〔四日甲午〕蕭慶在都堂聽講月令、洪範。要録卷一建炎元年正月四日甲午條據遺史修。

〔九日己亥〕金人遣使來請上詣軍前，云：「農務將興，及徽號事，須當面議之。」乃降詔曰：「朕初十日出郊，見兩元帥議徽號。咨爾衆士，各宜知悉。」會編卷七四靖康二年正月九日己亥條引遺史。

〔十日庚子〕上出郊，以皇太子監國〔三〕，以孫傅爲留守，尚書梅執禮副之。識者謂鴻門之會，豈可再行也哉？是日，士庶僧道往南薰門候駕。迨晚，榜示詔云：「朕出郊議加徽號事，爲諸酋未集，來日回内，仰居民安業。」會編卷七四靖康二年正月十日庚子條引遺史。

〔十一日辛丑〕士庶僧道雲集於南薰門俟駕回。午漏，帶御器械王宗沔自御前回，俄有榜云：「王御帶傳到聖旨，大金元帥因金銀匹段數少，聖駕未得歸回。事屬緊切，在京士庶，各懷愛君之心〔一四〕，不問貴賤，金銀匹段火急盡赴開封府送納。許人告給賞，隱藏人依軍法。」人心惶惶不安。尚書省榜：

奉御批，累見金高尚書傳元帥臺令〔一五〕，爲金銀表段數少，且留車駕在此，俟見足數，方可放還。可依下項，並仰具所有數目〔一六〕，明批上曆，限十五日以前送納。如有顧惜隱藏，卻因搜檢告首發覺，便行軍法。御史臺：文武百官，親王、公主，王時雍等，僧道、技術官，放出宮人〔一七〕；開封府：戚里、醫人、百姓、老娘諸行頭，彭端等公吏，曾經祗應、倡優及兩軍祗應人，大小園子，曾在行幸局祗應人〔一八〕，内侍楊戩、賈蒙等，下勾當使臣曹剛等；大宗正司：宗室；三衙：曾經隨軍輦官兵級〔一九〕；内東門司：妃嬪，并龍德宮入内黄院子〔二〇〕、衛士、幕士等，各令知悉。

士庶見榜，以駕留虜寨，隨坊巷集隊伍，裒聚金銀獻者不可勝數。朝廷將大内器物，并龍德宮、諸王所用之數，悉將以獻。自宣德門至南薰門，軍民運金銀器物者接踵數日。百姓各以扣書其姓名〔二一〕，用木床羅列而獻，至充塞道路。王御帶傳道聖旨：「大金元帥甚怪金銀綵段數少，朕再三懇告，元帥云京師居民甚衆〔二二〕，必不止此。仰開封府尹告示戚里、權豪、士庶，各體朕意，日下分頭差官根括。事體緊急，許卿便宜行事。」開封尋差下各廂家至户，到店客户、倡優户，例皆攤認，一城騷然。自是，御史臺、大理寺、開封府追呼百官豪富之家，捶楚催督，哀怨之聲，不忍聞矣。會編卷七四靖康二年正月十一日辛丑條引遺史。

〔十二日壬寅〕先是，靖康元年十一月京城受圍也，德安府部集民兵勤王。知安陸縣事陳規者，字元則，密州人，以明法補官，部押而行。至蔡州，聞京城失守，衆皆不敢進。規慮其衆潰亂而散歸，乃安集撫存之，整衆而退。既到德安，則知府、通判、曹職官，皆以挈家棄城而遁。規方入城，有潰兵祝進來犯其境。百姓請規權知府事，規從之，乃以寄居官及進士權作通判以下官。遂遣弓手張立率民兵禦進卻之，人心稍固。時城壁圮壞，跬步可踰，而又壕塹湮没，略無險阻。寇至，居人大恐。規隨時措置〔一三〕，相視城面向上如斧刃，不可立人。規下令從上向裏削去其半，及三尺而止，人始得立，坐作有餘。外存其半，倚以蔽身。且補苴罅漏，植木編竹，横門扉於其上，代女牆以扞矢石，而施守具焉。群賊王在先破隨州，虜隨州官吏來寇德安。壬寅晚，遣二人持檄，開門延納，規留書放回。會編卷七六靖康二年正月十七日丁未條引遺史。

〔十三日〕癸卯甲辰〔一四〕，游騎至〔德安〕城下，在與祝進合軍，聲焰脅人〔一五〕。會編卷七六靖康二年正月十七日丁未條引遺史。

〔十五日〕乙巳，〔王在、祝進〕擁衆臨城，先持弓弩槍牌攻城北城東。規乃遣人出城縱火，佛舍與民居焚燒殆盡，恐藏賊。賊又以礮石、鵝車之屬進攻城東，自早攻至起更。會編卷七六靖康二年正月十七日丁未條引遺史。

金人索元宵燈燭於劉家寺，至上元〔二六〕，請帝觀燈。粘罕、斡离不張筵會，召教坊樂人大合樂，藝人悉呈百戲。露臺弟子、祗應、倡優、雜劇，羅列於庭，宴設甚盛。有致語云：「七將渡河，潰百萬之禁旅；八人登壘，摧千仞之堅城。」會編卷七四靖康二年正月十五日乙巳條引遺史。今按，要録卷一建炎元年正月十五日乙巳條亦引此條，但叙述較略。

〔十六日丙午〕次日，在復領衆數千人，擁隨州官屬近城東門，云：「統制來要議事。」規在門上呼之曰：「何因至此？」曰：「京城已爲金人所破，我等皆争門而出，所以至此。」德安人聞之，莫不墮淚，然猶未知其的。規語在勿詭辭説〔二七〕，叱退之。在圍城十有七日而退去。自是，党忠亦時復出没〔二八〕。張立者，規常用以出戰，後爲將官。自此調五縣夫增築城壘。會編卷七六靖康二年正月十七日丁未條引遺史。

〔徐〕揆始以誑敵得出，故敵怒而殺之。要録卷一建炎元年正月十六日丙午條小注引遺史。

校勘記

〔一〕殿庭列法駕儀仗　「殿庭」，袁本作「殿前」。

〔二〕其服二梁冠白袍青緣　「梁」，明鈔本作「量」。

〔三〕副使展裹金帶如漢服　「服」原作「儀」，據原卷後校勘記及袁本、東京夢華録卷六改。

〔四〕副使拜如漢儀　「副使拜」三字原闕，據袁本及東京夢華録補。

〔五〕夏國使副皆金冠短小樸製　「樸製」，原卷後校勘記及袁本、東京夢華録作「樣製」。

〔六〕叉手展拜　原卷後校勘記及袁本作「皆叉手展拜」，東京夢華録作「背叉手展拜」。

〔七〕高麗與南番交州使人並如漢儀　「番」字原闕，據原卷後校勘記及明鈔本、袁本、東京夢華録補。

〔八〕旋賜漢裝金襖之類　「類」原作「數」，據原卷後校勘記及明鈔本、袁本、東京夢華録改。

〔九〕更有真臘大理大食等國有時朝賀　「大食」二字原闕，據原卷後校勘記及袁本補；東京夢華録作「大石」。「朝賀」，袁本作「朝貢」，東京夢華録作「來朝賀」。

〔一〇〕夏國在都亭西驛　此句原闕，據原卷後校勘記及袁本、東京夢華録補。

〔一一〕高麗在梁門外安州巷同文館　「梁門」，原卷後校勘記、袁本作「大梁門」。

〔一二〕諸蕃國在瞻雲館或懷遠驛　「或」字原闕，據原卷後校勘記及袁本、東京夢華録補。

〔一三〕以皇太子監國　「皇太子」原作「皇子」，袁本、文津閣本作「皇太子」。按，東都事略卷一七世家五、宋史卷二三欽宗紀皆作「皇太子監國」。故改。

〔一四〕各懷愛君之心　「愛」，文津閣本作「憂」。

〔一五〕累見金高尚書傳元帥臺令　「累」原作「果」，據原卷後校勘記及明鈔本、袁本、文津閣本改。「金」原作「令」，據明鈔本改。「傳」原作「傅」，據原卷後校勘記及明鈔本、袁本、文津閣本改。

〔一六〕並仰具所有數目　「並仰」，袁本作「亟仰」。

〔一七〕御史臺文武百官親王公主王時雍等僧道技術官放出宮人　「御史臺」，袁本作「御史臺前」。袁本無「王時雍等」四字。「僧道」，袁本作「至僧道」。

〔一八〕曾經祗應倡優及兩軍祗應人大小園子曾在行幸局祗應人　「祗應人大小園子曾在行幸局祗應人」，袁本作「祗候曾在行局祗應人入內」。

〔一九〕曾經隨軍輦官兵級　袁本作「曾遭遇御輦官大小園子曾遭遇兵級」。

〔二〇〕入內黃院子　「入內」，袁本作「大內」。

〔二一〕百姓各以扣書其姓名　「扣」，明鈔本、袁本、文津閣本作「招」。

〔二二〕元帥云京師居民甚衆　「元帥」二字原闕，據袁本補。

〔二三〕規隨時措置　「隨時」，明鈔本作「隨宜」。

〔二四〕癸卯甲辰　袁本作「癸卯早」。

〔二五〕聲焰脇人　「聲」，明鈔本、袁本、文津閣本作「兇」。

〔二六〕至上元　「至」原作「放」，據原卷後校勘記及袁本改。

〔二七〕規語在勿詭辭説　「語」，袁本作「謂」。「勿詭」，明鈔本、袁本作「皆詭亂」，文津閣本作「皆詭」。

〔二八〕党忠亦時復出没　「党」原作「黨」，明鈔本、袁本、文津閣本作「党」，據改。「時復」原作「復時」，據袁本改。

二月

〔六日丙寅〕初，城陷之始，上出郊，粘罕索上具降表，遣人持往其國〔一〕。至是復回，持到金國詔書，讀畢，粘罕令吴幵、莫儔傳金國回文入城。唯用事孫傅、王時雍、徐秉哲、范瓊輩知之，仍共相密議，發遣龍德、寧德兩宫及后妃、親王、駙馬之屬〔二〕，未敢使軍民通知。是時〔三〕，閭巷皆喧言消息不好而已。會編卷七八靖康二年二月六日丙寅條引遺史。

〔七日丁卯〕金人變議之後，觀吴幵、莫儔道粘罕之語，及觀時雍、秉哲等請上皇詣軍前懇告之謀，唯恐上皇出城之稍遲，致貽金人之怒，縱兵入城，恐其室家例遭刦虜〔四〕。乃以好言誘勸上皇如期出郊，雖市井皆不及知。可謂專爲私謀，不顧君父矣。嗚呼！任事大臣不能靖國家之亂，及禍亂已熾，又不執主辱臣死之節，乃甘心以君父分付敵人之手，尚可以履戴天地而施面目見人乎？后妃、諸王以下次第出城，乳嫗婢使多步行。百姓見之，驚憂戰慄，心膽喪亂，意不樂生。西角樓下有百姓二人，欲邀攔上皇不及。俄見燕王行馬，二百姓邀之曰：「大王家的親人都去，奈何一城生靈？不如留一人，以存國祚。」王泣曰：「大金要我，教我奈何？」二百姓曰：「百姓願與大王一處死生，如何？」京城四壁彈壓使范瓊令擒二百姓斬之。迨晚，有榜云：「留守司奉監國令旨，皇帝出郊，日久未還。上皇領宮嬪等出城，親詣大軍前求駕回內。仰士庶安業〔五〕。」是夜，民情恟懼，各持兵巡防閭巷〔六〕。官司彈壓四壁，至夜深亦不敢息。留守司急召百官議事，時已三鼓盡矣〔七〕。會編卷七九靖康二年二月七日丁卯條引遺史。

〔九日己巳〕是時，在京士庶雖見上皇以下六宮后妃、親王、駙馬出郊，留守司及開封府猶密其事，市井間皆未知端的。然其事漸彰，人情方憂懼。是日也，宣德門前揭示黃榜，備坐金人節次移文及孫傅等應報文狀〔八〕，民間始知欲立異姓，相顧號慟，隕越無所〔九〕，皆悔不令上皇東巡、上遷都也。留守司慮恐軍民作亂，乃令京城四壁都彈壓范瓊撫諭軍民。軍民咸泣不已〔一〇〕，瓊大呼曰：「自家懣只是少箇主人，東也是喫飯，西也是喫飯。譬如營裏長行健兒，姓張底來管着是張司空，姓李底來管着是李司空。汝軍民百姓各各歸業，照管老小。」軍民聞之，皆氣憤而去〔一一〕，然罵瓊不絕聲。會編卷七九靖康二年二月九日己巳條引遺史。

〔十一日辛未〕吳革見太上皇及六宮皆出城，悲痛不已〔一二〕，入内白留守孫傅曰：「上皇業已出城，乞力留皇后、皇太子。」庚午，革頓首言：「二帝出郊，駕未必回。願殿下堅避〔一三〕，以固國本。」孫傅曰：「何辭以拒之？」革曰：「有一内臣貌類太子，虜人或邀請，則拖以登車，出朱雀門，密諷百姓邀留，不可則墮之車下，以死告，奉尸以往。仍以振救饑乏爲名，招忠義勇智之士結爲隊伍，太子微服軍中，潰圍出之。」不從，皇后及皇太子遂行。先是，燕王、越王出門，有百姓攔截，稱國中無主，欲留之不令去，爲范瓊所戮。是日，瓊恐百姓喧亂，乃領兵往來内前，告諭百姓曰：「趙氏已失國，軍前見議，別立異姓。今晚皇后及皇太子盡出，不得邀阻。」迨晚，皇后及皇太子同車載以行，百官萬姓哭送於道，太學諸生亦哭送於門。太子傳令致別，哀號之聲，震動天地。是時，宮嬪輩有徒步隨車者，自皇后而下，止有被襆隨行。士庶旁觀，心肝殞潰。會編卷八〇靖康二年二月十一日辛未條引遺史。

〔十二日壬申〕張叔夜赴軍前見粘罕，粘罕召叔夜〔一四〕，紿之曰：「孫傅不立異姓，已殺之。公年老大，家族繁盛，豈可與孫傅同死耶？可供狀。」叔夜曰：「累世荷國厚恩，誓與國家俱存亡，實不願立異姓。」迫之數四〔一五〕，終不從，唯請死而已。金人皆義之。會編卷八〇靖康二年二月十二日壬申條引遺史。今按，要録卷二建炎二年二月十二日壬申條亦引遺史此段。

〔十三日癸酉〕金意欲立張邦昌，令吴幵、莫儔齎文字入城中，令百官僧道耆老等共議別立異姓，以治國事，並不得引惹趙氏。開封府、御史臺集百官於祕書省聚議，文臣承務郎、武臣承信郎以上悉赴議。乃集議於皇城司，王時雍等以下皆在，已寫推舉狀草，但空姓名未填，衆皆議未敢發。左司員外郎宋齊愈自外至，問時雍舉誰，時雍曰：「金人令吴幵來密諭，意舉張邦昌。今已寫下文字，未填姓名。」齊愈因記金人先已有文書云「請舉軍前南官」，謂是邦昌無疑，乃取筆書「張邦昌」三字將示，時雍曰：「是。」又示衆議官，皆無語，乃於寫下文字填張邦昌姓名。別寫申狀〔一六〕，分付與幵、儔齎文字出城去。會編卷八〇靖康二年二月十三日癸酉條引遺史。

〔十四日甲戌〕先是，金人破真定府，得走馬承受內侍鄧述者〔一七〕，太上倖臣也，置在軍前。至是，粘罕、斡离不懷廢立之意，先令鄧述將太上兒女俱供其數〔一八〕。又嘗取內侍四十五人至軍前，問其人管甚職事。問畢，卻遣回一半〔一九〕，别换曾管宫閤者。時留守司大臣不疑其故，以爲要管宫閤之人〔二〇〕，是金人欲效之。後吴幵持廢立文字，要太上諸王以下。孫傅意欲藏匿，吴幵持文以示，乃鄧述與管宫閤内侍先已具其數，已各書姓名以示之。傅乃吞聲而盡發焉。又金人於宗正黄少卿處取玉牒簿去〔二一〕，指名要南班宗室，先自二王宫、濮王宫，以近屬官序高者先取。宗室逃竄於細民家藏匿，徐秉哲爲金人所逼，押文引令諸使臣收捉。使臣利於得財，凡所藏匿，必捉得之，獲免者十有一二。其文引云：「或於南薰門蕭太師處交割，或於順天門耶律大夫處交割。」皆用使牒押字。或謂徐秉哲爲人之臣，忍押牒取國之宗屬以贈仇讎，其貪生忘國之恩有如此者。開封府捉事使臣竇鑑曰：「我生爲大宋之臣，豈忍以大宋宗族交送於虜人乎？」遂自縊死。會編卷八一靖康二年二月十四日甲戌條引遺史。

〔十五日乙亥〕金人取太學生博通經術者三十人，人給三百千俾治裝〔二二〕。太學生投狀願往者百餘人，比至軍前，金人謂之曰：「金國不要汝等作大義、策論，各要汝等陳鄉土方略利害。」諸生有川人、閩人、浙人者，各争持紙筆，陳山川險易、古人攻戰據取之由以獻。又妄指倡女爲妻，要取詣軍前。後金人覺其苟賤，復退者六十餘人。士之無守有如此者。要録卷二建炎元年二月十五日乙亥條小注引遺史。

〔十八日戊寅〕是日，幕府奉大元帥康王指揮：

京師全無消息，吾寢食不遑。可再呈檄書，行下諸處，契勘當府。今月七日、九日、十一日、十三日〔二三〕、十五日、十七日，節次劄下興仁府黄待制、駐劄開德府宗元帥，節制諸頭項人馬。及劄下南京，宣總兩司互爲應援。及一面關牒陝西、京西、江淮勤王師帥去訖外，今再契勘。探報大金歸期，全未見的確。京城信息不通，據報或云繫橋，或云絞筏，不久渡河。然登城之虜至今不下大寨。或有小寨未起，傍列四處，劫虜吾民，般運糧斛。或稱候麥苗長大，可以餵牛馬，方可北歸。是未有去計，講和之説，實款我天下之師。觀其形勢，慮包詭謀。今仰見在開德府駐劄副元帥宗修撰、興仁府駐劄節制黄待制，各更切加意，召募信實人前去硬探，知見得委有奸計。尚或窺伺舊城，未有退師之意，仰審觀形勢，料度彼己，隨處糾合附近統制官人兵，剋日進寨，於近京駐劄〔二四〕，張大軍勢，逼脇令去。仍切持重，明遠斥堠，毋致反落奸便，不得先以人兵跳弄，自啓敗盟之釁。内如宗元帥舉師之日，先告諭開德府。濮州黄待制舉師之日，先告諭興仁府。單州、廣濟軍各嚴備守禦。其逐處城上地分先已擺布〔二五〕，若軍若民之兵，不得一例起發，使各保守，以防乘虚。及令逐處守臣，各應付隨軍糧食五七日，并後來不住相繼應副，仍各申隨處所屬轉運使，不致少有闕誤。并仰南京宣總兩司照會與宗元帥、黄待制，一依今來指揮，各精覘探，互相關報，會合進寨，約日於近京駐劄，務要聲援相應，及仰一面備坐。今來指揮行下陝西、京西、江淮等路勤王領兵去處，約日攉發會合，仍具逐頭項職位姓名〔二六〕，及劄下河北運判顧大夫、京東運副黄龍圖、隨軍轉運梁修撰等，各隨處應付錢糧，不致少有闕誤。

并小貼子：

兼契勘南京、開德府、興仁府等處，去京城遠近不同，即起發當有先後，務要同日到京城側近。竊在契勘，無令參差不齊。

又小貼子：

再契勘京城圍閉日久，昨朝廷遣使齎詔傳諭，雖知金人已再講和，無復虜掠。然到今累月，未聞退歸。阻隔道路，朝廷命令不通，臣子之心，寢食不遑。今來勤王之師，諸道雲集，便欲相與戮力，進兵血戰。仰念主上屈己謹信講好息民之意，未得輕進。當府已累劄下，審觀形勢可進，無先以兵相加，自取敗盟之釁。今仰節制黄待制潛善、副元帥宗修撰澤〔二七〕、宣撫使范承宣訥、北道總管趙資政野、經制翁閣學彦國、發運向直閣子諲、發運方徽猷孟卿、淮南東路提刑汪郎中師中〔二八〕、知揚州許龍學份、前知密州郭待制奉世、西道總管王資政襄、陝西五路經制錢侍郎蓋、知淮寧府趙待制子崧，各切親飭諸將，整軍伍，利器械，具糗糧。若旬月之間，師猶未退，忍復坐視？當約日齊進，誓死一戰。凡臣子世受國恩，各懷忠義之報，必願效死立功。仍仰吐心瀝誠，紬繹方略，合謀解難，速行條具申。會編卷八一靖康二年二月十八日戊寅條引遺史。

〔二十一日辛巳〕〔李〕若水初官爲大名府元城縣尉，差出下鄉，止一山寺中。有百姓病十餘日，一夜夢金甲神人告之曰：「來日有鐵冠道士託汝寄書與李縣尉，可達之，爾病即愈。」病人睡覺，甚異之。來日果有鐵冠道士叩門齎書與病人，曰：「可將此書與李縣尉，説關大王有書上侍郎。」病人以書詣若水投之，具言夢中事及鐵冠道士之語。書題云：「書上元城縣尉李侍郎閲押。」若水得書，拆封看畢即焚之。其事浸傳，家人扣之，終不説。遂作詩曰：「金甲神人傳好夢，鐵冠道士寄新書。我與雲長各異代，定知此事太荒虚。」後人或云書中説圍城中事。會編卷八二靖康二年二月二十一日辛巳條引遺史。

今按，此條首句前有「中興遺史及別録曰」一句，最後兩句爲：別録曰〔二九〕：「朝廷初選奉使，大臣以公姓名聞。上初見公名若冰，曰：『若冰猶言弱兵也，兵不可弱。』遂賜名若水。」可知「別録」前應爲遺史原文，故置此。

〔二十四日甲申〕金人移文督責金銀極爲峻切，官司驚懼，莫知所措。迨晚，乃追四壁提舉根括金銀官梅執禮等四人，及催促金銀官黎確等四人，並赴軍前。粘罕震怒拂膺，作色叱責。已而，命執提舉官四人於監軍處殺之，於是執禮、〔程〕振、〔陳〕知質、〔安〕扶皆被害。復使令籤首〔三〇〕，令衆棄屍於南薰門下。又命執催促金銀官胡唐老、胡舜陟、黎確等四人各鞭背五十放還。唐老遂死，確等號泣過市。自是人心益憂懼，謂殺侍從、捶臺諫，疑啓亂之端定在朝暮〔三一〕，持兵器巡警者又復如初。自丙寅以後，金人使命入城者，漸漸徑造宮闕，如詣私室，折花飲酒，自相娛樂。或乘醉插花滿頭，聯轡而行，旁若無人，觀者無不切齒。先是，車駕未還，百姓惶恐，以爲金銀不足，各隨其家所有而出，復得萬兩納去。賊求索不已，須待元數滿足。又令户部尚書梅執禮主東壁，開封府尹程振主南壁，禮部侍郎安扶主西壁，工部侍郎陳知質主北壁，使搜索百姓所藏金帛。皆親至其家，發掘凡十餘日。梅執禮謂程振等曰：「金人講和已定，但以金銀邀車駕。金人若須元數，銅鐵亦恐不足，粘罕豈不知此事？不如結罪狀申絶，塞其所請。」於是四人共結罪狀，言：「金銀並已搜括，更無銖兩。如後不同，甘依軍法。」以申軍前。軍前復索金銀，官司稱已申去，稱無有。金人以爲居民藏匿，不肯盡數送納。因醫官、内官、樂官三等人於元帥處下狀，稱本家有窖藏金銀，乞下開封府取歸。粘罕謂三人曰：「只汝三人敢藏金銀？」三人復稱在京權貴豪富人家各有窖藏，不曾獻納。又内侍等有説粘罕者曰：「今城中百姓乏食，家家急欲得米。試令開場，以米麥出糶〔三二〕，許以金銀博易，便可見其有無之實。」粘罕從之，下令開封府開場糴米。又以官錢高價收買，置十數場，金每兩三十五貫，銀每兩五貫五百文，金每兩博米四斗，銀每兩博米一斗。時百姓固藏金銀，復見金人無去意〔三三〕，城中糧乏，惟憂飢死，又爭以易米麥。初，城破，軍民詐爲金人劫取金銀者，至是爭持以易，有貧民兵卒以十餘鋌金易數石麥者。粘罕等愈疑多有藏匿，持以責府尹、官吏曰：「公言無有，博易何多？」官吏不能爲之對，遂殺執禮等四人。又斬其首，許其家以金銀收贖。或云虜欲盡城中物〔三四〕，乃因藍訢等復取金銀過軍前，責執禮等以不實，故害之。會編卷八三靖康二年二月二十四日甲申條引遺史。今按，此條部分内容，要録卷二建炎元年二月五日乙丑條亦言及，但「以趙甡之遺史、王明清揮麈後録增入」，且「藍訢」作「藍忻」。

〔是月〕先是，靖康京城圍閉，趙令裨爲鄂州通判，部官兵在武昌縣把隘。京城失守，閻僅以潰兵南奔，犯黄州，縱其下搔擾。既退去，令裨即渡江，存撫黄州軍民訖，復回鄂州，黄人德之。會編卷一三三建炎三年十月二十五日庚子條引遺史。今按，根據此條所言事實及此條下有「三月」二字，故置在二月末。

校勘記

〔一〕遣人持往其國　「持」，明鈔本、袁本作「馳」。

〔二〕發遣龍德寧德兩宮及后妃親王駙馬之屬　「后妃」原作「妃后」，據袁本及前後文意改。

〔三〕是時　原作「是」，據明鈔本、袁本改。

〔四〕恐其室家例遭劫虜　「室家」、「例」，袁本作「家室」、「併」。

〔五〕上皇領宮嬪等出城親詣大軍前求駕回内仰士庶安業　「嬪」原作「殯」，據上下文意改。「大軍前」，明鈔本、袁本作「大金軍前」。「仰」字原闕，據明鈔本、袁本補。

〔六〕各持兵巡防閭巷　「巡防閭巷」，明鈔本、袁本作「巡防巷陌」，文津閣本作「巡坊巷」。

〔七〕時已三鼓盡矣　「三」，明鈔本作「二」。

〔八〕備坐金人節次移文及孫傅等應報文狀　「坐」，文津閣本無。

〔九〕隕越無所　「無所」二字原闕，據原卷後校勘記及袁本補。

〔一〇〕軍民咸泣不已　「咸」，明鈔本、袁本作「感」。

〔一一〕皆氣憤而去　「憤」原作「銷」，據原卷後校勘記及袁本改。

〔一二〕悲痛不已　此句後原有一「已」字，當是衍字，删去。

〔一三〕願殿下堅避　「殿下」原作「陛下」，據明鈔本及文意改。

〔一四〕粘罕召叔夜　「粘罕」二字原闕，據袁本補。

〔一五〕迫之數四　「四」原作「回」，據明鈔本、袁本、要録卷二改。

〔一六〕别寫申狀　原作「狀申」，據原卷後校勘記及明鈔本、袁本改。

〔一七〕得走馬承受内侍鄧述者　「鄧述」，此條共出現三次，原皆作「鄧珪」，明鈔本、袁本、文津閣本作「鄧述」。按，要録卷二、宋史全文卷一五、宋史卷二三欽宗紀叙此事時，皆作「鄧述」。故改。

〔一八〕先令鄧述將太上兒女俱供其數　「兒女」原作「宫女」，據袁本、文津閣本改。「俱供」，明鈔本、袁本作「供具」，文津閣本作「供俱」。

〔一九〕卻遣回一半　「卻」，袁本作「即」。

〔二〇〕以爲要管宫閤之人　「閤」原作「閣」，前後文皆作「閤」，明鈔本、袁本亦作「閤」，故改。

〔二一〕又金人於宗正黄少卿處取玉牒簿去　原本「黄」下有小注曰：一本云「董」。

〔二二〕人給三百千俾治裝　「三百千」，文津閣本作「三百二十二千」。

〔二三〕十三日　「日」字原闕，據明鈔本、袁本及文意補。

〔二四〕於近京駐劄　「近」原作「進」，據原卷後校勘記及明鈔本、袁本改。

〔二五〕其逐處城上地分先已擺布　「上」原作「土」，據原卷後校勘記及明鈔本、袁本、文津閣本改。「先」原作「走」，據原卷後校勘記改。「城上地分先已擺布」，明鈔本作「城上城分先已擺布」，袁本作「城上已擺布」，文津閣本作「城上或先分已擺布」。

〔二六〕仍具逐頭項職位姓名　明鈔本此句後有「申來」二字。

〔二七〕今仰節制黄待制潛善副元帥宗修撰澤　「潛善」、「澤」原闕，據文津閣本及後文叙述方式補。

〔二八〕淮南東路提刑汪郎中師中　「汪」，文津閣本作「种」。按，時种師中已死，且其未任淮南東路提刑，故文津閣本誤。考當時大臣，亦無汪師中。據現存史料，汪姓官員，趙構所重者，爲副元帥汪伯彦。汪伯彦字廷俊，當時並未任淮南東路提刑一職。但此條提到了黄潛善、宗澤、趙野、向子諲等，卻未列當時深得趙構信賴的汪伯彦。此處記載當有誤。

〔二九〕別録曰　「別」原作「一」，據袁本改。

〔三〇〕復使令籤首　「復使令」，明鈔本、袁本、文津閣本作「復令」。

〔三一〕謂殺侍從捶臺諫疑啓亂之端定在朝暮　「謂」、「亂」，明鈔本作「以謂」、「變亂」。

〔三二〕以米麥出糶　「糶」原作「糴」，據袁本、文津閣本及文意改。

〔三三〕復見金人無去意　「復見」，袁本、文津閣本作「後見」。

〔三四〕虜欲盡城中物　「盡」，明鈔本作「盡得」。

三月

〔一日辛卯〕金人告報城中，欲遣張邦昌入城。御史臺檢准故例，宰相入城，百官合迓於門。徑行曉諭文武百官，於未時前詣南薰門迓太宰〔一〕。公相如期而集者凡數千人，士庶往觀者又數萬人。范瓊、汪長源諸統制官等領兵分列左右〔二〕，自州橋至門下森布如織。申刻，邦昌入門，百官班迎於道。城外以鐵騎裹送，及門而返，交割與范瓊。有説諭在京諸軍民曰：「交割取一箇活張相公，致他死後，便是恁滯不肯推戴，故殺了他也。」即入憩於幕次，與從官語，移時入居尚書省〔三〕，令從官卿監郎官十員晝夜宿直，續增作十員掌管事務〔四〕，并使臣十五員祗應，三衙門官亦同宿守。虜令勸進，集議於尚書省尚書令廳。榜留守司：今月一日，元帥府津送到太宰入城，已具軍民推戴文狀，申軍前去訖。今來合取指揮，右曉示各令知悉。會編卷八三靖康二年三月一日辛卯條引遺史。

〔六日丙申〕孫傅、張叔夜、秦檜以不立張邦昌，皆赴金人軍前。王時雍、徐秉哲、吴幵、莫儔與李回、范瓊輩〔五〕，方謀立異姓，欲爲佐命勳臣。吴革參謀吴銖、左時、張知彰等議曰〔六〕：「事急矣，宜遂起兵〔七〕。緩則事泄，且有不測之禍。」於是群議起事之日，奉宗廟神主，以從事誅范瓊等數十人〔八〕。令左時作三書，其一，責虜人以議和紿我國家，留我二帝；其二，責大臣不效死，唯唯以聽虜命；其三，責京城居民不念君父蒙塵於外，日唯偷安，不知共效死力，以雪國家之難。乃命兵約日出十八門，列爲二壘，與劉家寺及青城賊寨相對。又遣蠟彈，期以三月八日内外合軍。部勒既定，須期以發。探事使臣報有車五十乘，自青城東出，革撫案慟哭曰：「吾君去矣！」三月六日五更，班直崔廣、崔彦等數百人皆擐甲排闥〔九〕，至革寢所，告曰〔一〇〕：「邦昌以來日受册。既立之後，人心離散，須先事而起。不然，懼及禍。」革曰：「與在外將相約日，若先發失約，則兵不至，安能濟事？」衆力請革，革復曰：「若等來者幾何？」人曰：「五千，百姓數十萬，聞事急，皆不約而附從也。」革知衆不可奪。廣、彦等迫革上馬〔一一〕，革乃被甲上馬。時已黎明，北行至金水河西，皆范瓊及左言兵。瓊遣人邀革議事，遂執革，并其子悉斬之，及使臣素隊百餘人併戮河上。革就死，顔色不變，極口詆駡。其忠義之言，凛凛可畏。死之日，知與不知，皆爲泣下。初，革自車駕出城，飲食坐卧，未嘗少忘。每食，屢廢匕箸。有汎埽者，革止之曰：「主上蒙塵，而臣子欲潔其居耶？」自聞金人欲縱兵洗城，屢白留守，乞淘渠以防鐵騎馳突，及大集京師居民，各赴本壁門下，集緇黄作法事，名報全活生靈之恩〔一二〕，實密爲備也。北城門火，則乞措置保全宗廟七世神主。宗室出城，有逃避者，悉收贍之。有持之者〔一三〕，革曰：「爲趙氏得死且不恨。」范瓊斬革訖，即以事狀申軍前，以范瓊爲正任觀察使、權殿帥，左言遷兩官。會編卷八四靖康二年三月六日丙申條引遺史。

〔七日丁酉〕是日早，文武百僚、僧道、軍民等會於尚書令廳。巳時，告報軍前，奉册寶入門，金人遣五十餘人，素騎數百從之。邦昌自尚書省慟哭上馬，至西府門，佯爲昏憒欲仆，立馬少蘇，復號慟。午時，導引至宣德門外西闕門下馬，入幕次又慟。有金人曾太師以下五十餘人持御衣紅繖來，設於幕次。邦昌更帝服，少頃出，步至御街褥位，望金國拜舞，跪受册寶。册文曰：「無德而王，故天命假於我手；當仁不讓，知曆數在於爾躬。張邦昌即皇帝位〔一四〕，國號大楚，都金陵。」邦昌御紅繖還次訖，金人揖邦昌上馬出門，百官導引如儀。邦昌步入，自宣德門，由大慶殿至文德殿前〔一五〕，進輦，卻弗御，步升殿，於御床西側别置一椅，坐受官員等賀訖。文武合班，張乃起立。閤門傳旨云：「勿拜。」時雍等復奏，傳指揮云：「本爲生靈，非敢竊位。如不聽從，即當規避。」時雍率百官遽拜，張急回身，面東拱手以立。會編卷八四靖康二年三月七日丁酉條引遺史。今按，要録卷三建炎元年三月七日丁酉條小注亦引遺史，僅有册文前兩句。

〔九日己亥〕張邦昌僭位，王時雍諂事之〔一六〕，凡事有「臣啓陛下」之語，雖邦昌之僭，亦鄙嫌之。然進時雍、秉哲領三省、樞密院事者，三省、樞密院皆無官也。會編卷八四靖康二年三月九日己亥條引遺史。

〔十一日辛丑〕范致虚在陝州也，前軍出武關，由鄧州、新興、澠池之間，屯於千秋地場。僞河南尹高世由告急於粘罕，亦會金人將欲回軍，婁室孛堇自伊陽直衝之，王師不備，遂棄輜重而奔，死傷者幾半。致虚恐懼而遁。會編卷八五靖康二年三月十一日辛丑條引遺史。

〔十二日壬寅〕金人移文督責：「金銀表段元數，十分未足一分。仰開封府將在京坊巷見在人户等敷配〔一七〕，限三日納足，以不伏之人，全家押赴軍前。」先是，城陷之初，金人索在京户口數目，開封府張大其事，報七百萬户。粘罕亦詢李若水，亦以此對。金人見京城户口之衆，意欲七百萬户盡行敷配，所得不可勝計，故令將坊巷人户等第敷配。開封府奉行，莫敢論辯，乃以見在户口隨高下配定，欲敷元數。故雖細民下户，亦不下金三十錠、銀二百錠、表段五百匹。家至户到，揭榜門首督責，令日下送納。京城士庶，雖知所配無辦〔一八〕，然事出於衆，但相戲謔而已。云：「借使變甑釜爲金銀，化屋宇爲表段，亦豈能如數？」督索甚急，小民應之如不聞，官司亦無如之何。會編卷八五靖康二年三月十二日壬寅條引遺史。

初，劉浩在相州，得戰車法，創造五輛，試之不可運。業已造成，浩謂磁州宗澤好作爲，輕聽信，乃告假往磁，以戰車紿曰：「是車造一百五十輛，每一輛以二十五人守車，二十五人爲左角，二十五人爲右角，二十五人爲前拒，共四隊。凡一車用一百人，車一百五十輛，共用一萬五千人。願與直閣爲先鋒，收復真定。」具畫車陣并所用人數陣隊爲圖以獻。澤喜之，問浩所欲，浩言：「所闕者衲襖耳。聞磁州甚多，請隨意之。」所欲應副〔一九〕，澤資給之而去。澤遂以浩所圖車陣，稱見造成車一百五十輛，已募到民兵一萬五千人，結成陣隊，謀欲收復真定。奏聞朝廷〔二〇〕，朝廷壯之，取旨除澤秘閣修撰、河北民兵總管。初實無一人一車也，及元帥府分遣澤往開德駐劄，乃用浩車制旋造之〔二一〕。澤以開德城下之戰金人退去，謂金人甚易與耳〔二二〕。壬寅，領兵推戰車追襲，欲徑入京城下解圍〔二三〕。至衛南之北，逢見金人伏兵，接戰，金人佯敗，向東趨南華縣。澤追至南華，遇金人兩頭掩擊，官軍大敗。戰車大而難運，推駕者苦之，一旦遇倉卒，皆委而走。澤變易衣服，隨敗兵隊中夜奔走得脱。先鋒王孝忠中箭墜馬死。知博州孫振領兵至中路，聞澤敗績，親兵懼與金人接戰，且懷鄉土，乃殺振，及取軍實散而北歸。金人取戰車，盡載軍實而去。會編卷八五靖康二年三月十二日壬寅條引遺史。今按，「壬寅」之前内容，亦見舊聞證誤卷三引遺史，但較爲簡略。

〔十四日甲辰〕范訥爲河北、河東宣撫，趙野爲北道總管，皆退屯南京。宗澤移書與訥曰：「太傅是朝廷重望大臣，凡所舉措，爲天下輕重，爲四方軌則。今以河北、河東宣撫，乃擁兵自衛，紆迴退縮，駐劄南京〔二四〕，是耶？非耶？不知太傅晝思夜度，謂臣子大義，果如是耶？若以周旋，無非合於義禮。伏乞指揮，開以道路，濟以糧斛，令江淮以南州軍，皆得自進勤王，去京城二三程劄寨〔二五〕，示賊虜以天下歸嚮激切之意。庶虜懲戒〔二六〕，無有後艱，不勝幸甚。」又與野書曰：「京城圍閉日久，君父注望四方應援，想不啻飢渴也。資政爲北道大總管，乃將六兵自衛〔二七〕，紆回曲折，走南京駐劄，蔽遮江淮之人。俾不能進前固護王室，則朝廷何賴於屏翰？伏望早賜指揮，進發前去京城二三程劄寨，示賊虜以天下人心歸嚮，軍民怨切，願瞻天表之意〔二八〕。庶幾虜人畏恐，下城遁去。末由參侍，不勝拳拳憤悱激切之至。」會編卷八五靖康二年三月十四日甲辰條引遺史。

〔十九日己酉〕邦昌命董逌撫諭諸生，慰勞備至，巡齋宣布邦昌之意。蓋自圍閉，諸生困於齏鹽〔二九〕，多有疾病，迨春尤甚，日死不下數十人者。邦昌具知，乃用撫諭之使。又命選醫官十人於諸齋日逐看候，人人給餌藥之資〔三〇〕。由是，諸生感悦。故泣血等諸書，太學諸生所記，其間不無爲邦昌粉飾其事者。邦昌蓋欲收士譽，雖曰無意於神器，吾不信也。學校疾疫無甚於今年，自春夏至此，亡者二百餘人。初，在學者七百餘人，今殁故已三分之一矣。會編卷八六靖康二年三月十九日己酉條引遺史。

初，京城失守，金人以前知澤州高世由請於朝廷，使爲河南尹，以蕭慶領萬騎佐之。婁室孛堇衝散勤王之師也，前軍統制翟興者，河南人，探知地利〔三一〕，聞世由之怠，出其不意，與族弟進提步卒數百，卷甲夜趨，潛入洛陽，擒世由斬之。會編卷八六靖康二年三月十九日己酉條引遺史。

〔二十九日己未〕邦昌自僭僞位，屢出南薰門，服赭袍，張紅蓋，乘馬執紅絲鞭，法駕儀仗皆不備，唯駕頭前導。初出一兩次不舉駕頭，以後漸舉駕頭〔三〕，聲亦漸高。出南薰門見粘罕、斡离不叙别，至午刻而還。會編卷八七靖康二年三月二十九日己未條引遺史。

三月，令禆以朝散大夫直龍圖閣，改名令宬，來知黄州。會編卷一三三建炎三年十月二十五日庚子條引遺史。

校勘記

〔一〕於未時前詣南薰門迓太宰　「太宰」原作「少宰」，袁本作「太宰」。按，當時張邦昌爲太宰，故改。

〔二〕范瓊汪長源諸統制官等領兵分列左右　「汪長源」原作「江長源」，明鈔本、袁本作「汪長源」。按，會編卷九四、趙鼎忠正德文集卷九皆作「汪長源」，故改。

〔三〕移時入居尚書省　「尚書省」，袁本、文津閣本作「尚書省令廳」。

〔四〕續增作十員掌管事務　「十員」，明鈔本、袁本作「十五員」，文津閣本作「五員」。

〔五〕王時雍徐秉哲吴幵莫儔與李回范瓊輩　「李回」，明鈔本、袁本、文津閣本無。

〔六〕吴革參謀吴銖左時張知彰等議曰　「張知彰」原作「張知章」，明鈔本、袁本作「張知彰」，會編卷八一亦作「張知彰」，據改。

〔七〕宜遂起兵　「遂」，袁本作「速」。

〔八〕以從事誅范瓊等數十人　「數十人」，袁本作「十數人」。

〔九〕班直崔廣崔彦等數百人皆擐甲排闥　「等」原作「皆等」，「皆」當是衍字，據袁本、文津閣本删去。

〔一〇〕告曰　原作「告白」，據明鈔本、袁本及文意改。

〔一一〕廣彦等迫革上馬　「廣彦」原作「彦廣」，據明鈔本、袁本及前文改。

〔一二〕名報全活生靈之恩　「名」原作「各」，據原卷後校勘記及袁本改。

〔一三〕有持之者　「持」原作「特」，據原卷後校勘記及明鈔本、袁本、文津閣本改。

〔一四〕張邦昌即皇帝位　明鈔本、袁本此句前又有「洛爾」二字。

〔一五〕由大慶殿至文德殿前　「文德殿」原作「文德」，據袁本補「殿」字。

〔一六〕王時雍諂事之　「王時雍」，明鈔本作「王時雍等」。

〔一七〕仰開封府將在京坊巷見在人户等敷配　「將」字原闕，據明鈔本及後文「故令將坊巷人户等第敷配」補。

〔一八〕雖知所配無辨　「無辨」，明鈔本、袁本、文津閣本作「無規」。

〔一九〕所欲應副　「應」，明鈔本作「數應」，袁本、文津閣本作「數」。

〔二〇〕奏聞朝廷　明鈔本作「降付朝廷」，袁本、文津閣本作「奏聞降付」。

〔二一〕乃用浩車制旋造之　「造」原作「試」，據明鈔本、袁本、文津閣本改。

〔二二〕謂金人甚易與耳　「金人」原作「金」，據明鈔本、袁本補「人」字。

〔二三〕欲徑入京城下解圍　「徑」原作「往」，據原卷後校勘記及明鈔本、袁本、文津閣本改。

〔二四〕駐劄南京　文津閣本作「駐劄南京不進」。

〔二五〕去京城二三程劄寨　「程」原作「里」，宗忠簡公文集卷四與河北河東宣撫范訥約入援京城書作「程」，下文與趙野之書，也有「二三程」，故改。

〔二六〕庶虜懲戒　「虜」原作「幾」，據明鈔本、袁本、宗忠簡公文集改。

〔二七〕資政爲北道大總管乃將六兵自衛　「爲」字原闕，據宗忠簡公文集卷四與北道總管趙野約入援京城書及文意補。「六」，明鈔本、宗忠簡公文集作「大」。

〔二八〕願瞻天表之意　「願」，袁本作「顧」。

〔二九〕諸生困於齏鹽　「困」原作「因」，據袁本、文津閣本改。

〔三〇〕人人給餌藥之資　「餌藥」，明鈔本、袁本作「藥餌」。

〔三一〕探知地利　「地利」，袁本作「地理」。

〔三〕以後漸舉駕頭　「漸」原作「暫」，據明鈔本、袁本及前後文意改。

四月

〔二日辛酉〕邦昌與〔翁〕彦國書，封皮云「付翁彦國」，其中仍云「上端明中丞」。書云：「國家之變，千古未聞。昧陋所遭，可謂奇禍。誠以保存廟社，拯救生靈，使京城免於焚蕩，以濟遠圖，其心明於皎日。今幸敵騎已退，道路可通，即遣使東州，具伸夙志。想在端明，必諒此心。今差李左司齎手書，具道曲折。惟中外相與戮力，共濟艱難，迄成康功，以永丕祚，是所望於公也。初夏薄暑，軍務良勞，未晤間更惟尚謹。邦昌上聞。」要録卷四建炎元年四月二日辛酉條小注引遺史。

〔三日壬戌〕金人既退，乃置修城司，以侍郎邵溥都大總管其事，辟官屬各百員，四壁用工修飭樓櫓。會編卷八九靖康二年四月三日壬戌條引遺史。

范瓊出城搜空，得金人遺棄寶貨、表段、米麥、猪羊等不可勝計，又有遺棄老幼病廢及婦女等，至是並遷入城。會編卷八九靖康二年四月三日壬戌條引遺史。

〔四日癸亥〕邦昌赦文曰：

天下承平幾二百載，百姓樂業，豈復知兵。奸臣首結邊難，招致禍變，城守不堅，致嗣君皇帝越在郊野。予以還歸，横見推逼，有堯舜之揖讓，無湯武之干戈。四方之廣，弗通者半年；京城之大，無君者三月。從宜康濟，庶拯危難。應於書到日，罪無輕重，並與釋放。第一項，差官省視園陵。第二項，諸州天慶、天寧寺觀並依舊行香。第三項，諸州軍守臣，各令兵至近甸，保守無虞，義同有功。起發勤王兵，仰卻於元來處分屯。第四項，存恤諸處宗室。餘並依前敕〔一〕。會編卷八九靖康二年四月四日癸亥條引遺史。

〔大元帥與諸副元帥總管宗澤趙子崧等〕書曰：

初夏漸暄，伏惟總御司徒，勤勞國事，台候多福。某去歲出使賊營，中道輟行，所攜不過千人。閏月被命帥師，始集東北民兵，進未及畿，已承再和之詔。繼得樞府344書，又戒生事，且方忌器，未敢輕出，但分兵近畿，爲逼逐之計。閲日既久〔二〕，刺知賊情，不免鼓率衆賢，勉此前進〔三〕。繼聞元帥領兵戡難，感涕交頤，即具公文，當已至呈達。今聞大臣之在賊中者，日久分深，承其付託，而二聖二后東宫諸王，北渡大河。五内殞裂，不如無生。便欲身先士卒，手刃逆胡，身膏草野，以救君父。而僚屬不容，謂祖宗德澤，主上仁聖，臣民歸戴〔四〕，天意未改。故老近臣、將帥軍民，忠義有素，當資衆力，共成忠孝。本意除已具公移外〔五〕，伏望鼓作士氣，開曉士心，奉迎君父，永安社稷，以成不世之勳。某不任痛憤泣血懇切之情。所有受賊付託之人，義當征誅。然聞方二聖之在郊，已膺僭僞，慮百官之謀，或出權宜。未嘗輕動，徒使京城動擾〔六〕，軍民被害。故欲按甲近城〔七〕，容某移書問故，得其情實，即時關報，施行未晚。今日之事，非左右戮力，造次在念，恐不能濟。伏幸孚察，未瞻會間，尚冀厚爲宗社所賴，倍保台重。不宣。會編卷九〇靖康二年四月四日癸亥條引遺史。

〔十六日乙亥〕初，京城既破，武略大夫、光州刺史郭京自宣化門南遁。引所部六甲神兵二千人至襄陽府，屯洞山寺，欲立宗室爲帝。陝西制置使錢蓋、西道都總管王襄、統制官張思正等止之，不聽。思正乘間會兵執京，因之，至是以聞。要録卷四建炎元年四月十六日乙亥條據遺史修。

〔二十一日庚辰〕王發濟州。王在濟州也，陝西勤王之兵，惟劉光世到元帥府。先是，劉光世准〔八〕。上間道遣使臣齎蠟封處分指揮云：虜騎犯京師，仰劉光世多選馬軍赴闕〔九〕。是時，光世以馬軍都虞候爲鄜延路兵馬鈐轄，請於帥臣張深，授步騎三千。光世請益兵，不從。既行，中途值制置司統制杜常還歸，具言京城失守。制置使錢蓋已將軍馬分屯。時潰兵所在焚劫，聚而爲寇，道路梗塞。唐、鄧以北，皆無官守，兵糧告絕。光世乃與將官喬仲福等議，見永興帥臣范致虛，已傳檄諸帥會兵陝郊。會承上御札，遣使臣黃深宣諭六路〔一〇〕，大略云：「金人登城，斂兵不下，朕已出郊，親見二元帥。和議已定，宜止天下勤王之兵。」光世曰：「不可以詔示衆，且速圖進發京西。」諸處潰兵踵至，傳聞京師之事不一，衆心惶惑。光世矯以蕃官山陝來自京闕，乃云：「二聖潰圍南幸矣。」乃選使臣葛宗齎封密奏〔一一〕，往荆襄、江浙尋問二聖所在，衆情稍安。致虛進兵崤、澠，光世乃統所部由虢略入太和谷南趨〔一二〕，張深亦改途同行。至汝州魯山縣，聞致虛進兵千秋嶺爲金人所邀，王師失利。光世招集散亡，而本部餘丁相繼俱來，兵始及萬數，軍勢漸壯。俄傳金人已立張邦昌即僞位，張深召光世及諸將議事，深對將士曰：「諸公好事在目前。」以所持扇左右倒，衆莫敢應，往往偶語出異論。光世乃遣使臣王默、張景等，將漢、番弓箭手一百人騎，夜半齎狀前去招安盜賊，俾深罔測。光世密諭之曰：「側聞康王領大元帥聚兵京東，汝等當詣元帥府，分明投下文字而回。」金人既退兵，深與光世進至朱仙鎮，遇默、景，得元帥府劄子二道。一云：「仰劉光世將所統兵馬，速赴大元帥府。」一云：「仰張深將所部回興仁府，只於本府駐劄。」及差使劉宗偕來。深得劄子，失聲惶懼〔一三〕。光世即辭深去，以所部兵至濟州。時王師無有至者，王大喜，自是委以心腹，彈壓諸軍。王發濟州，光世從衛。會編卷九五靖康二年四月二十一日庚辰條引遺史。今按，此條部分内容亦見要録卷四建炎元年四月一日庚申條小注所引，但較爲簡略。

〔二十八日丁亥〕金人以上皇北狩，至中山府，其帥陳遘登城。上皇呼遘，遘曰：「道君皇帝也！」遂慟哭曰：「陛下何得至此？」提轄沙振曰：「此中豈有道君皇帝？必金人之詐也！」以箭射之，遂鼓衆喧鬧而殺遘。其子錫在旁，側身護遘，乃并殺之。于是振自守中山。要録卷二建炎元年二月二十七日丁亥條小注引遺史。今按，根據此條内容，不當置於二月二十七日丁亥條下。會編卷九五叙此事在靖康二年四月二十八日丁亥，當是。故置此。

校勘記

〔一〕餘並依前赦　「餘」字原闕，據明鈔本、袁本、文津閣本補。

〔二〕閲日既久　「日」原作「月」，據明鈔本、袁本、文津閣本、建炎以來朝野雜記乙集卷三高宗與宗忠簡書改。

〔三〕不免鼓率衆賢勉此前進　明鈔本、袁本、文津閣本、建炎以來朝野雜記作「不免督兵前進」。

〔四〕臣民歸戴　「歸戴」原作「戴歸」，據明鈔本、袁本、文津閣本、建炎以來朝野雜記改。

〔五〕本意除已具公移外　「公」字原闕，據明鈔本、袁本、文津閣本補。

〔六〕徒使京城動擾　「動擾」，明鈔本、袁本、文津閣本、建炎以來朝野雜記作「重擾」。

〔七〕故欲按甲近城　「按甲」原作「押按」，據原卷後校勘記及明鈔本、袁本、文津閣本、建炎以來朝野雜記改。

〔八〕劉光世准　明鈔本作「光世準」，且下有空格。此句下當有脱字。

〔九〕仰劉光世多選馬軍赴闕　「馬軍」，明鈔本作「軍馬」，似是。

〔一〇〕遣使臣黄深宣諭六路　「黄深」，袁本作「王深」。

〔一一〕乃選使臣葛宗齊封密奏　「選」，袁本作「遣」。

〔一二〕往荆襄江浙尋問二聖所在衆情稍安致虛進兵崤澠光世乃統所部由虢略入太和谷南趨　原闕「尋問二聖所在衆情稍安致虛進兵崤澠光世」十八字，據原卷後校勘記及明鈔本、袁本補。但校勘記「崤」誤作「淆」。

〔一三〕及差使劉宗偕來深得劄子失聲惶懼　「使」，原本此字下有小注：「舊校云：別本有『臣』字。」明鈔本、袁本作「使臣」。「聲」，袁本作「驚」。

建炎元年（丁未　一一二七）

五月

〔一日庚寅〕初，上在相州也，閏〔十一〕月十四日夜，夢淵聖令盡解所服袍帶，而以自所服者賜之。望日，上語〔耿〕延禧、〔高〕世則，群臣不敢對。先是，太上皇帝將禪位，解所服排方玉帶賜淵聖〔一〕。既上出使河北，淵聖又解以贐行。上在河北，懷、衛諸州申狀，皆爲「靖王」，或爲「康王」，或以紀年之號兩當之。至是，始悟「靖」之爲文，「立十二月」也。蓋淵聖立十二月，而上建大元帥府。遂即帝位也。會編卷一〇二建炎元年五月一日庚寅條引遺史。

〔二日辛卯〕初，淵聖即位，以四月十三日誕辰爲乾龍節，蓋「乾坤」之「乾」也。詔到四方州郡，有讀爲「乾溼」之「乾」者。雖一字有兩音，然「乾溼」之「乾」貼「龍」字，非美意，識者以爲不祥。會編卷一〇二建炎元年五月二日辛卯條引遺史。

〔四日癸巳〕上即位，欲立後宮潘氏爲皇后，呂好問諫以爲不可，乃以爲賢妃。要録卷五建炎元年五月四日癸巳條小注引遺史。

〔五日甲午〕先是，上在濟州，群臣勸進，議已定。耿南仲奏：「臣老拙，幸得遭遇，竭盡愚直。唯靖康行遺蔡京，廷臣多翼蔽之。終雖貶黜〔三〕，然蔡氏所引實繁，有徒必不利臣父子，乞賜保全。」上曰：「國家今日之事，吾最痛心，其次門下侍郎父子耳。使天下無事，吾得居藩衍宅事父兄，門下侍郎安享爵禄，豈不爲美？今日不得已，吾即繼大位，豈不能保全一舊師傅乎？師傅，吾師傅也，且老矣。月以數百千養一前朝老師傅，直易耳。人言毀譽，何足信？」至是，南仲告老，乃除觀文殿學士、提舉杭州洞霄宮。奉聖旨：「耿南仲爲孝慈淵聖皇帝勸講官十有五年，同朕在外歷艱難險阻又踰半載。今以年老乞罷機政，已從所請。見今恩數人從，可特令依舊，餘人不得援例。」會編卷一〇二建炎元年五月五日甲午條引遺史。

定武軍承宣使、龍神衛四廂都指揮使、大名府路馬步軍副總管、大元帥府都統制楊惟忠爲建武軍節度使，主管殿前司公事。賞翊戴之功也。要録卷五建炎元年五月五日甲午條據遺史附。

〔六日乙未〕〔呂〕好問字舜徒，開封人。張邦昌僭立，以好問爲門下侍郎。上即位，以爲尚書右丞。編年録卷一四建炎元年五月己未「呂好問爲尚書右丞」條引遺史。今按，本條月日據要録卷五、宋史卷二四高宗紀一補。

〔十三日壬寅〕靖康初，軍事方興，宣和皇后使一小鬟背負被袱，步行出内，欲歸韋家。過潘氏之門，永思之妻號郡君，適在門側，見而異之，乃呼曰：「天氣陰寒，請娘子略避風露。」宣和皇后遂造其家，徐言是康王之母韋氏。郡君奉之尤謹，出潘氏，使侍左右，且遣人詣韋宅報其親屬。宣和皇后亦喜，知潘氏已笄而未嫁也，因求潘氏歸康邸。郡君許之，遂同宣和皇后潛行。上之出使河北也，潘氏已妊娠，而外人多不知，故圍城中金人邀請親王眷屬，而潘氏不在其數。要録卷五建炎元年五月十三日壬寅條小注引遺史。

五月，詔修築城壁，令歲奉詔修城。會編卷一三三建炎三年十月二十五日庚子條引遺史。

校勘記

〔一〕解所服排方玉帶賜淵聖　「排方」，原作「緋衣」，明鈔本作「排方」。會編卷二二八、皇朝中興紀事本末卷一、要録卷一、續資治通鑑長編拾補卷五〇等記載相關事實時皆作「排方」。故改。

〔二〕終雖貶黜　「黜」原作「出」，據明鈔本、袁本改。

六月

六月〔一日〕己未朔，詔邦昌加拜太傅，依文彦博故事，一月兩赴都堂。詔曰：

邦昌知幾達變，勳在社稷。朕尋置諸論道之地，寵以王爵，欲與日引同朝共理萬物，而瀝懇牢避，雅志莫奪。朕以崇德報功，憫勞以事，而養民保國，實賴圖回〔二〕。雖已斷來章，宣赴都堂治事，未極褒崇之典。考祖宗故實，惟元祐間文彦博以累朝勳德，禮絶群臣，一月兩赴都堂平章重事，最爲異數。今邦昌已降指揮，參決大政，屬望尤重，可依文彦博一月兩赴都堂，仍不限時刻出省，急速大政，許宰執同就第商議，以稱朕優假倚賴之意。

初，邦昌累章請退，上不許，乃降是詔。右僕射李綱又奏：

張邦昌恃金人盜神器，國破而資之以爲利，君辱而攘之以爲榮。迨知陛下總戎於外，天人所歸，乃始退舊班，遣使奉迎。今冒處王爵，平章大政，方且偃然自得，儻或逋誅，何以立國！臣請以春秋之法斷之。若都城人則謂因邦昌得生而德之，若元帥府則謂邦昌不待討而恕之，若天下則謂邦昌易姓建號而憤之。都城人德之，元帥府恕之，私也。天下憤之，公也。陛下欲中興，乃崇僭逆之臣以示四方，其誰不解體？

上乃召黃潛善、呂好問、汪伯彥再對，而潛善主邦昌甚力。綱曰：「陛下必欲用邦昌，乞罷臣相。」上顧好問，好問曰：「邦昌僭位，人所共知。既已自歸，惟陛下裁處。」綱又曰：「邦昌罪當誅，陛下以其自歸，則貸死而遠竄之。」潛善乃言在遠不如在近。編年録卷一四建炎元年五月「壬辰張邦昌罷權左僕射」條引遺史。

〔五日〕癸亥，詔張邦昌責授昭化軍節度副使，潭州安置。編年録卷一四建炎元年五月「壬辰張邦昌罷權左僕射」條引遺史。

〔八日丙寅〕先是，上即位，痛念鑾輿北狩未還，欲遣使於金國，祈請且通問〔三〕。河北已差周望，而河東難得其人。李綱薦〔傅〕雱有專對之才。雱字彥濟，臨江軍人，進士及第，時從事郎，乃改宣教郎，借工部侍郎使於金國。識者已知上意在乎講和矣。會編卷一〇八建炎元年六月八日丙寅條引遺史。今按，傅雱使於金國事，紀勝卷三四江南西路臨江軍人物亦引遺史，但與會編所引甚有差異，今附此：建炎元年五月，從事郎傅雱改宣教郎，使于金國。雱，臨江軍人。誥詞有曰：「庶爾一言之後，成吾兩國之歡。」識者以知上意在乎講和矣。

〔二十四日壬午〕〔張〕慤字誠伯，瀛州人，靖康中權知大名府。上自相州遷大名，慤奉事甚恭。慤在大名，時有洺州王明者，與李洪等聚衆，以復奪二帝爲詞，有衆數萬。

慤差無官宗子不尤及進士王協等招安撫定，後皆授以官。編年録卷一四建炎元年六月「壬午張慤同知樞密院事」條引遺史。

校勘記

〔一〕實賴圖回 「回」，文淵閣本作「維」。

〔二〕祈請且通問 明鈔本、袁本、文津閣本作「通問且祈請」。

七月

〔六日甲午〕金人圍洺州，以知州王麟是童貫舊屬官，遂於城下呼爲王姑丈，間其民心。軍民信之，殺麟全家。要録卷七建炎元年七月六日甲午條小注引遺史。

金人自京師回，經由洺州境内，軍民劫之，得南班宗室士遂，留爲知州。要録卷七建炎元年七月六日甲午條小注引遺史。

〔十日戊戌〕初，平陽府吏張昱坐法黥，既而亡歸，聚衆數千。會磁州無守〔一〕，軍民共議，迎昱入州，權領州事。金人屢犯其境，皆不攻徑過。至是以昱爲閤門祇候、知磁州。俄金人復引兵來攻，磁無城，不可守，昱遂棄城〔二〕，率其衆出奔。金人陷磁州，撫定而去。要録卷七建炎元年七月十日戊戌條據遺史修。

〔十三日辛丑〕中興之初，潛善、伯彥首爲執政，智者必知二人無進取之志。宗澤嘗力請因天下兵集，親征迎請二帝，力圖中興。潛善、伯彥沮止之，尋以澤爲京城留守。編年録卷一四建炎元年五月庚寅「汪伯彥同知樞密院事」條引遺史。今按，本條月日據會編卷一一一建炎元年七月十三日辛丑條補。又，此條第一句，會編卷一〇二建炎元年五月一日庚寅條亦引之。

〔十五日癸卯〕宋齊愈新除諫議大夫。是時，李擢見任給事中。擢與齊愈在圍城中皆非純臣。擢謂齊愈爲諫議大夫必論己，必得罪。且曰：「先發制人。」乃不書黃，而具齊愈議立張邦昌事，繳駁之曰：

> 新除諫議大夫宋齊愈，昨三月初〔三〕，王時雍等在皇城司聚議，乞立邦昌。拜大金賜詔畢，書立狀時，雖時雍等恐懼不敢填寫邦昌姓名〔四〕，而齊愈奮然執筆，大書「張邦昌」三字，仍自持其狀，以示其四坐〔五〕，無不驚駭。齊愈自言「自從二月在告不出」，誕欺若此。今除諫議大夫，當是陛下未知其人邪佞〔六〕，而朝廷未有人論列，更乞聖裁。

遂罷諫議大夫，令御史臺王賓置司根勘，具案聞奏。制曰：

義重於生，雖匹夫不可奪志。士失其守，或一言幾於喪邦。具官宋齊愈，蒙國厚恩，爲時顯宦。方氛祲結蕭墻之内，至腥羶謀僭位之人。事既非常，座皆失色。所幸探符之未獲，奈何援筆以遽書。遺毒至今，造端自汝。睦孟五行之説，豈所宜言。袁宏九錫之文，玆焉安忍。其解諫垣之職，以須廷尉之平。邦有常刑，朕安敢赦。

據王賓勘到：

通直郎、前右諫議大夫宋齊愈招，金人邀請淵聖皇帝出城未回，知樞密院孫傅，承軍前遣吴幵等將文字稱廢淵聖皇帝，共舉堪爲人主一人。及知孫傅等乞不廢淵聖皇帝，不許，須管於異姓中選具姓名申上〔七〕。齊愈知孫傅等在皇城司集議，遂到本司見衆官，及卓子上有王時雍等衆議推舉狀草，齊愈問王時雍舉誰，時雍云：「金人令吴幵來密諭，意舉張邦昌。今已寫下文字，只空着姓名。」又看得金賊元來文字，聲説請舉軍前南官。以參驗王時雍語言，即是要舉張邦昌。齊愈恐違時别有不測，爲王時雍曾説吴幵密諭張邦昌，亦欲早圖了結。齊愈輒自用筆，於紙上書「張邦昌」姓名三字，欲要於舉狀内填寫，卻將呈時雍。其時，時雍稱是〔八〕，又節次遍呈在坐元集議官。時齊愈言道張邦昌，衆官看了，别無語言。齊愈又命吏依紙上寫「張邦昌」姓名三字〔九〕，於已撰寫到選舉元空缺姓名，以治國事舉狀内填寫「張邦昌」姓名三字了後〔一〇〕，別寫申狀，係王時雍等姓名，呈時雍看了，分付與吴幵、莫儔將去。其舉狀内，別無齊愈姓名。所有齊愈寫「張邦昌」紙片子，即時毁了，並無見在，只收得王時雍等元議定推舉狀草歸家。初蒙勘問時，懼罪隱忍不招，再蒙取會到中書舍人李會狀：軍前遣吴幵、莫儔，傳大金指揮，須管於今日異姓中選擇，具名申，即不得引惹趙氏。是日，在皇城司聚議，忽有右司員外郎宋齊愈自外至，見商議不定，即與本司廳前寫文字吏人卓子上取紙筆，就卓子上取片紙，上書「張邦昌」三字，即不闕是文字上書寫，遍呈在坐，相顧失色，皆莫敢應〔一一〕，無別語言。其所寫姓名文字，係宋齊愈手自將去，會即時起取〔一二〕。是時，只記得侍御史胡舜陟在坐，司業董逌午間亦曾在坐，未委見與不見。其餘卿監郎官，會以到京未久〔一三〕，多不識之。及根勘元狀草本，再勘方招。檢會建炎元年五月一日赦内一項〔一四〕：「昨金人逼脇，使張邦昌僭號，實非本心。今已歸復舊班，其應干供奉行事之人，亦不獲已，尚慮畏避，各不自安。其已前罪犯，並與放免，一切不問。」勘會上項赦文，係謂張邦昌僭號之後，供奉行事之人特從寬貸。法寺稱宋齊愈後謀叛以上斬犯不分首從〔一五〕，赦犯惡逆以上罪至斬〔一六〕，依法用刑。宋齊愈合處斬，仍除名。犯在五月一日大赦前，合原赦後處虚妄〔一七〕，杖一百，罰銅十斤入官，放免〔一八〕，情重奏裁。

奉聖旨：宋齊愈身爲士大夫，當守節義。國家艱危之際，不能死節，乃探金人之情，親書僭逆之臣姓名，謀立異姓，以危宗社。造端在前，其罪非受僞命臣僚之比，可特不原赦。依斷，仍令尚書省出榜曉諭。會編卷一一一建炎元年七月十五日癸卯條引遺史。今按，自「宋齊愈新除」至「具案奏聞」，亦見要録卷七所引遺史，但繫之於七月三日辛卯，與會編所引字句稍有差異。又按，所記宋齊愈事，王明清玉照新志卷四亦有引用，但未言摘自遺史。

〔是月〕東京留守宗澤屢奏乞車駕回京師。是時，黄潛善、汪伯彦與朝臣力贊維揚之幸，澤雖屢奏，終不省納。編年録卷一四建炎二年十二月十九日己巳「汪伯彦右僕射」條引遺史。今按，據此條内容，置在建炎元年七月。

校勘記

〔一〕會磁州無守　「磁州」原作「慈州」，宋史卷八六地理志二磁州云：「舊名慈，政和三年改作磁。」故據此及廣雅本改。下同。

〔二〕昱遂棄城　「棄城」二字原闕，據文津閣本及會編卷三建炎元年七月七日乙未條補。

〔三〕昨三月初　袁本、玉照新志卷四此句後又有「間同」二字。

〔四〕拜大金賜詔畢書立狀時雖時雍等恐懼不敢填寫邦昌姓名　「拜大金賜詔畢書立狀時」原作

「拜大金賊詔書畢立狀」，據原卷後校勘記及袁本、玉照新志改。「雖」字原闕，據原卷後校勘記及袁本、玉照新志補。

〔五〕以示其四坐　「坐」原作「壁」，據袁本、玉照新志及後文改。

〔六〕當是陛下未知其人邪佞　原卷後校勘記及袁本此句前又有「士心以爲」四字。

〔七〕須管於異姓中選具姓名申上　「具」，袁本作「舉」。「申上」，袁本作「通申」，玉照新志作「申」。

〔八〕其時時雍稱是　原闕一「時」字，據原卷後校勘記及袁本補。

〔九〕齊愈又命吏依紙上寫張邦昌姓名三字　「又命」原作「令人」，據原卷後校勘記及袁本改。「寫」，袁本、玉照新志作「所寫」。

〔一〇〕於已撰寫到選舉元空缺姓名以治國事舉狀內填寫張邦昌姓名三字了後　「撰寫到選舉」，袁本作「寫到選命」。

〔一一〕皆莫敢應　「皆」字原闕，據原卷後校勘記及袁本、玉照新志補。

〔一二〕係宋齊愈手自將去會即時起取　「去」原作「卻」，據原卷後校勘記及袁本改。「取」，原卷後校勘記曰：「『取』一作『去』」。袁本、玉照新志作「去」。

〔一三〕會以到京未久　「京」，袁本、玉照新志作「局」。

〔一四〕檢會建炎元年五月一日赦內一項　「赦」，袁本、玉照新志作「赦書」。

〔一五〕法寺稱宋齊愈後謀叛以上斬犯不分首從　此句或有脱誤。「後」，原卷後校勘記、袁本作「律」，玉照新志作「係」，「係」似是。「以上斬犯」，袁本無「犯」字，玉照新志作「不道已上皆斬」。

〔一六〕敕犯惡逆以上罪至斬　「敕」，袁本作「初」。

〔一七〕合原赦後處虚妄　「後」，袁本作「律」。

〔一八〕放免　「免」字原闕，據原卷後校勘記及袁本補。

八月

八月己丑，貶竄負國周懿文、王及之、余大鈞、胡思等。周懿文、余大鈞等不死〔一〕，唯從貶竄，識者是以知李綱與汪黄諸公不能輔佐恢復河東河北之境土也，曰失其刑矣。

編年録卷一四建炎元年「七月壬寅李綱左僕射」條引遺史。今按，此條中有「八月己丑」句，此年八月戊午朔，無己丑日。要録卷八、會編卷一一二、皇宋中興兩朝聖政卷二、宋會要輯稿職官七〇，置此事在八月一日戊午，故繫於此。

〔五日壬戌〕先是，召李綱到行在，拜右僕射。上即位，左右揆皆虚位，首以綱爲右撰。至是，特授左僕射，並命潛善爲右僕射，并兼御營使。自是，宰相始有親兵。編年録卷一四建炎元年「七月壬寅李綱左僕射」條引遺史。今按，此條月日據會編卷一一二、要録卷八補。

〔二十日丁丑〕綱每建言頗切直，黄潛善、汪伯彦忌之。而潛善又諷臣僚，使言其罪，遂罷宰相。綱初負時望，上欲倚之以圖中興，故初除尚書左僕射，制詞甚美。及罷相之制，其惡如此。議者謂國朝進退人材之弊，在乎專尚文華而遂至失實也。編年録卷一四建炎元年「八月丁丑李綱罷左僕射」條引遺史。

〔二十五日壬午〕〔陳〕東疏中有云：「上不當即大位，將來淵聖皇帝來歸，不知何以處此。」要録卷八建炎元年八月二十五日壬午條小注引遺史。

八月，太學生陳東、歐陽澈上書論李綱不可罷，黄潛善、汪伯彦不可用，乞親征迎請二帝。語言切直，斬於市。行路之人有爲之哭者。潛善爲宰相，汪伯彦用事，唯事諂佞結諸内侍以固其位，略無爲國濟民、恢復中原之心。首勸上幸揚州，故六月降詔荆襄關陝江淮皆備巡幸。至是，元祐太后自應天府發，中原之人皆知翠華將有江都之幸，京師父老有相聚涕泣者。東京留守宗澤屢奏劄言之，不省。編年録卷一四建炎二年十二月己巳「汪伯彦右僕射」條引遺史。今按，據此條内容，置在建炎元年八月。

校勘記

〔一〕貶竄負國周懿文王及之余大鈞胡思等周懿文余大鈞等不死　「余大鈞」，編年録共出現四處，皆如是。皇朝中興紀事本末卷一、宋名臣言行録別集亦同。然李綱梁溪集卷一七四、一七六、一七八、一七九、一八〇、靖康要録卷一四、皇宋中興兩朝聖政卷二、宋會要輯稿刑法六、要録卷五、八、會編卷一〇六、一〇八、一一二等皆作「余大均」，似是。

十一月

〔九日乙未〕時金人鋭意中原，特〔王〕彦在河朔，以兵勢張甚，未暇南侵。一日，虜帥召其衆酋領，俾以大兵再攻彦壘。酋領跪而泣曰：「王都統寨堅如鐵石，未易圖也。必欲使某將者，願請死，不敢行。」其爲所畏如此。會編卷一一四建炎元年十一月九日乙未條引遺史。

十二月

〔八日癸亥〕金人寇西京，車駕在揚州。金人議進兵殘擾京西，乃遣銀朮大王自氾水渡河犯西京〔一〕。西路制置河南尹孫昭遠不敢當，引兵即避之，金人陷西京。會編卷一一四建炎元年十二月八日癸亥條引遺史。

〔十七日壬申〕〔辛〕道宗時爲江南都統制。要録卷八建炎元年八月十七日壬申條小注引遺史。

〔十九日甲戌〕秦檜當國，鄭驤之親屬爲檜客，情意深密〔二〕。驤以死節贈通議大夫，猶以爲未録其叱罵金人之節〔三〕，加贈樞密直學士。制曰：「往者人習治安，士喪廉恥，遭時紛變，坐視傾危。蓋平日詭隨，罔知尊主庇民之道，故臨事讋懼，宜無仗節死難之人。朕承多難，每爲永歎，倘聞義烈，豈無褒揚？具官鄭驤，秉性剛明，守身端靖。始將使指，旋剖郡符。迨醜虜之横侵，能嬰城而自固。旁無應援，迄以陷亡。蹈白刃之在前，叱群凶之愈厲。雖加卹典，未慰忠魂。載頒涣渥之恩，增賁宥密之職。靈兮英爽，歆此寵榮。」後又請謚，謚曰威愍〔四〕。驤赴井時，金人猶未薄城，初無固守與呵叱之節，可謂詭冒矣。會編卷一一四建炎元年十二月十九日甲戌條引遺史。今按，此條要録卷一一建炎元年十二月十九日甲戌條亦引之，較爲簡略。據此條内容，有「秦檜當國」句，知此條一些内容爲紹興元年秦檜任相後之事。暫據會編、要録繫此。

十二月，〔修城〕方畢工，會張遇寇黄州，令嵗諭令退去，不從。遇請令嵗出城相見，令嵗往見之。遇令取酒一盃飲，令嵗顧諸賊色有異，必知酒中有毒。令嵗執盞謂遇曰：「令嵗知酒中有毒，今爲公飲之而死。然所願諸公不殺害城中軍民。」言訖，一飲而盡。遇大驚，曰：「酒誠有毒，方欲第二盞進也，姑以此一盞試公耳。」乃取毒酒潑於地，地裂而有聲。由是，遇與群賊皆重令嵗之器識。令嵗以二寵妾贈遇，使退去。遇擕二妾去，至團峰而回。自後，丁進、九朵花、孔彦舟群寇犯境，令嵗皆禦退之。會編卷一三三建炎三年十月二十五日庚子條引遺史。

建炎初〔五〕，旌褒死事之臣，贈〔李〕邈節度使。制曰：「朕思復艱難之業，永懷將帥之臣〔六〕。禁暴安民，雖未成衛社稷之效；忘軀徇國，庶幾得死封疆之臣。」又曰：「方虜師之入塞，當孔道之雄藩。邈無脣齒之依，坐失金湯之固。拘原方力，屍裹莫還〔七〕。不貽隴右之羞，迄並睢陽之操〔八〕。」會編卷五七靖康元年十月六日戊戌條引遺史。今按，本條内容有「建炎初」，姑置此。

校勘記

〔一〕乃遣銀朮大王自汜水渡河犯西京　「汜」原作「泥」，據原卷後校勘記及袁本、文津閣本改。

〔二〕情意深密　「深」字原闕，據原卷後校勘記及袁本、要録卷一一補。

〔三〕猶以爲未録其叱駡金人之節　「未録」，原卷後校勘記及袁本作「未足録」。

〔四〕後又請謚謚曰威愍　袁本、文津閣本僅有一「謚」字。

〔五〕建炎初　袁本、文津閣本作「建炎中」。

〔六〕永懷將帥之臣　「臣」，程俱北山小集卷二七李邈贈節度使作「良」。

〔七〕屍裹莫還　「屍裹」，原卷後校勘記、袁本作「裹尸」。

〔八〕迄並睢陽之操　「並」，北山小集作「守」。

建炎二年（戊申 一一二八）

正月

〔二日丁亥〕初，河東制置使趙宗印退軍，取商州路出武關，欲赴揚州，到方城縣遇范致虛，使之知鄧州兼西路安撫使〔一〕。致虛遂招宗印，屯於鄧州。時建炎元年冬也。至是，致虛下車方僅一月。而金人犯鄧州〔二〕，致虛聞風先遁去，宗印以其兵挾民出城，入房州，往襄陽。金人酋帥銀朮大王寇城下，轉運使權安撫劉汲率將兵二千人及兩都監出南門，聲言欲戰，或以爲出奔，爲金人所掩，汲及兩都監被拘執，或曰登時被殺。會編卷一一四建炎二年正月二日丁亥條引遺史。今按，從「汲率將兵二千人」至「登時被殺」一段，要録卷一二亦引之，但繫於正月三日戊子。

〔三日戊子〕宗印奔襄陽，銀朮乃陷城〔三〕。要録卷一二建炎二年正月三日戊子條小注引遺史。今按，上一條亦有「〔宗印〕往襄陽」句，因字句不同，故另作一條。

〔九日甲午〕金人犯鄧州，官兵守禦，劉汲被執，守陴者已見金人作木栅圍城矣。穰縣典史格某之子，被驅虜作栅，金人遣入城，使諭城中投拜。格氏子呼於城下，守陴者皆識之，遂鈎上城。格氏子曰：「銀朮大王兵十萬，取今日巳時攻城。城破，雞犬不留。若能速便投拜，則可以免禍。」有趙士習者，福建人，欲投拜。簽判李操者，西京人，不欲投拜，曰：「當盡死節。」趙士習曰：「豈不知盡節死而爲忠？雖死無益於事，奈一城生靈何？」操語塞，遂諾，與趙士習出城，見銀朮大王投拜。銀朮折箭爲誓〔四〕，不洗城。由是金人遂入城。初，淵聖用宰相白時中之議，欲幸襄陽，而鄧州爲行宮，截留四川輕齎綱及聚糧草，至是盡爲金人所得。又需索百色技藝人及金銀物帛，如京師圍城中根括之法。會編卷一一四建炎二年正月九日甲午條引遺史。

〔十一日丙申〕先是，靖康初，金人犯河北州縣〔五〕，軍民皆殺歸朝燕官。均州有添差武當縣丞任雄翔者，燕山人，三世及第，有智算。聞亂，即率燕人之家所有器刃及有馬者皆納之，以明不反，知州事楊彦明信之。未幾，有潰兵犯州境者，令雄翔措置，每出必勝，均人亦賴之，隨付以器甲、兵馬，使防境内。雄翔嘗與彦明曰：「國家忘戰久，士卒偷惰不可用。若金人至，必不能當。前者邊事初動時，若國家盡取歸朝燕人使之防邊，馭之有道，猶可支梧。今國家兵馬，更十年後，恐或可用。」及金人犯境〔六〕，百姓流徙而去，彦明計窮，雄翔乃以其衆送彦明全家上武當山，復還城中。金人到，雄翔迎入城。於是歸朝燕人盡隨金人北去。要録卷一二建炎二年正月十一日丙申條小注引遺史。

〔十三日戊戌〕唐重儒生，不知兵，帥關中，一蹈范致虚覆轍，諱言兵機，唯喜人言虜兵遠去，關中必無虞。京兆府路兵馬副總管楊宗閔，與重謀曰：「今河東諸州皆非我有，距此纔一水。而本路兵弱，宜急繕城塹爲守禦計，以待外援。捨此無策。」重以秦民驕，不欲擾之而止。及金人犯境，略無措置。城陷，重自縊死。宗閔先令妻劉氏擕家人入蜀，遂免於難，唯宗閔死於其職。轉運副使桑景詢、曾謂、提刑郭忠孝皆死。景詢，介直有守，尚氣節之人也。初，童貫用事，時州縣官皆迎肩輿，望塵而拜，唯景詢不拜，議者多之。以其發摘奸吏，不受干請，時人號爲「喪門神」。「喪」字，借姓桑氏言之也。忠孝，事伊川程頤，傳其易與中庸學。金人犯長安，或勸云：「監司出巡可以免禍。」郭忠孝不答，遂被害。會編卷一一五建炎二年正月十三日戊戌條引遺史。

〔十六日〕辛丑，入内内侍省押班邵成章除名，貶吉州。時金人攻掠陝西、京東諸郡，而群盜起山東，黄潛善、汪伯彦皆蔽匿不以奏。及張遇焚真州，去行在六十里，上亦不聞。成章上疏，條具潛善、伯彦之罪，曰：「必誤國。」及中潛善使聞之。上怒，詔成章不守本職，輒言大臣，故有是命。要録卷一二建炎二年正月十六日辛丑條據遺史增入。今按，此條所述邵成章事，紀勝卷三一江南西路吉州官吏亦引遺史，但甚爲簡略。「貶吉州」，李心傳修入時改作「南雄州編管」，現據小注及紀勝改回。

〔二十八日〕癸丑，太學生魏祐上書，論黄潛善、汪伯彦誤國十罪，不報。要録卷一二建炎二年正月二十八日癸丑條據遺史修。

〔是月〕婁室既得長安〔七〕，即鼓行而西進，陷鳳翔府，隴右大震。夏人諜知關陝無備，遂以宥州監軍司檄至延安府，自言：「大金以鄜延割隸本國，須當理索。若敢違拒，當發兵誅討。」鄜延經略使王庶口占檄詞報曰：「金人初犯本朝，嘗以金肅、河清畀爾，今誰守之？國家以姦臣貪得，不恤鄰好，一至於此。貪利之臣，何國蔑有，豈意夏國躬蹈覆轍？比聞金人欲自涇原徑擣興、靈，方切爲之寒心，不圖尚欲乘人之急。幕府雖士卒單寡，然類皆節制之師，左枝右梧，尚堪一戰。果能辨此，何用多言？」徑檄興中府，因遣諜間其用事臣李遇，夏人竟不出。要録卷一二建炎二年正月末條據遺史附。

校勘記

〔一〕使之知鄧州兼西路安撫使　「使之」，袁本作「得」。

〔二〕而金人犯鄧州　「而」，袁本作「及」，似是。

〔三〕銀朮乃陷城　「銀朮」，四庫館臣改爲「尼楚赫」，今依會編改爲「銀朮」。

〔四〕見銀朮大王投拜銀朮折箭爲誓　「大王投拜銀朮」，此六字原闕，據袁本、文津閣本補。

〔五〕金人犯河北州縣　「犯」原作「入」，據廣雅本及宋史全文卷一六改。

〔六〕及金人犯境　「犯」原作「入」，據廣雅本及會編卷一一四改。

〔七〕婁室既得長安　「婁室」，四庫館臣改爲「羅索」，今依會編改爲「婁室」。

二月

〔二十二日丙子〕金人犯陳州〔一〕，知州向子褒固守。第三將岳景綬以將兵迎戰，不勝，軍亂，殺子褒，其家屬或散或亡，既而城陷。要録卷一三建炎二年二月二十二日丙子條小注引遺史。

金兵既去陳蔡，東京留守宗澤檄知尉氏縣陳長寧權淮寧府，武經郎張某權蔡州。蔡領十縣，民牒浩繁，張不能辨。時閻孝忠已罷去，郡人詣部使者，乞以孝忠權知州，從之。要録卷一三建炎二年二月二十二日丙子條小注引遺史。

校勘記

〔一〕金人犯陳州　「犯」原作「侵」，據廣雅本改。

三月

〔十六日庚子〕翟興、翟進與權京西北路制置使苗便〔一〕，遇金人於福昌及三鄉間，苦戰終日，金人敗北。興、進取龍門路，收復洛城。金人擁鐵騎數千相拒于龍門石道中，興、進麾將士力戰破之。金人退保洛城，官軍乘勝轉戰，奪長夏門以入，與金人巷戰，遂復洛城。時金人益出精兵，自河陽南城至白馬坡，營壘相望，距洛不遠十數里，復欲窺伺。興遣麾下斷河橋，自是金人稍稍退去。要録卷一四建炎二年三月十六日庚子條小注引遺史。

〔二十六日庚戌〕洛州陷。要録卷一五建炎二年四月十四日丁卯條小注云「趙甡之遺史，洛州之陷在三月庚戌」。

校勘記

〔一〕翟興翟進與權京西北路制置使苗便　「翟興」二字原闕，據後文「興、進取龍門路」及會編卷一一六建炎二年三月十九日癸卯條補入。「苗便」，會編卷一一六作「苗搜」。

四月

吴玠殺史斌。要録卷一八建炎二年十一月末小注云「吴玠殺史斌，趙甡之遺史繫之今年四月」。

八月

〔二十二日甲戌〕馬伸言乞罷黄潛善、汪伯彦政柄，辰巳刻間，道路已宣傳，無不欣喜見於眉宇。翌日，聞伸遽改衛尉少卿，有顰蹙而吞聲者。會編卷一一八建炎二年八月二十二日甲戌條引遺史。

〔二十九日〕辛巳，右武大夫、忠州防禦使、河北京東都大捉殺使李成引兵入宿州。初，成既不能渡河，朝廷恐其衆太盛，命成分所部三千人往應天府及宿州就糧，餘赴行在。有道士陶子思者，爲人誕妄，喜談兵，成道遇之，子思謂成有割據之相，勸之西取蜀，成遂有叛意。乃分軍爲二：一侵泗州，别將主之；一侵宿州，成自將之。皆約八月晦日。至是成陳仗入城，宿人以其奉朝命來屯，初不之備，軍入未半，即有登城者，俄頃弓矢亂發，縱火焚掠，盡驅强壯爲軍。別將犯泗州者，不及期，乃焚虹縣而還，復與成會。成知事不集，妄以前軍史亮反，已即時撫定，告於朝，朝廷待以不疑，乃就賜鎧甲。成遂屯符離，軍勢甚盛。要録卷一七建炎二年八月二十九日辛巳條據遺史修。

〔是月〕宗澤爲東京留守，措置營葺稍有條理，頗得士民之心。初到京師也，會金使八人來使僞楚，澤謂有窺伺，申奏乞送獄，庶全國體。詔諭止之。澤與黄潛善、汪伯彦議論不同，澤在京師，凡有申請，多爲潛善、伯彦所阻止之。京師十七縣境，臨河者七十里〔一〕，澤措置均之諸縣，每縣管四里有零，各令開濠一丈深八尺於南岸，埋鹿角，連珠列寨。而樞密院行下約束，只令依倣陝西以三七分爲率，三分出戰，七分出助軍錢。澤措置京城守禦之具，補葺甚多，費用不少，而三省樞密院指揮諸場庫務，如修城造器械，見雇工作役，更不令支錢。澤常懷憤懣之氣。奏請鑾輿復還京師，前後數十章。嘗褒諭曰：「舜巡四岳，有歸格藝祖之文〔二〕。周撫萬邦，存王歸在豐之訓。庸知帝王之軌範，咸以都邑爲本根。朕遭時多艱，思世大治〔三〕。永懷撥亂之策，不憚省方之勞。俟敉寧之有期，即旋復以何晚。夙宵軫慮，寢食不忘。雖王者以天下爲家，曾靡常於臨幸。而臣子視人君猶父，得無鬱於瞻思。卿等留居千里之畿，拱扈九重之闕。合數十百函之奏，傾億千萬衆之心。渴聞嗚蹕之音，虔舉回鑾之請。備觀忠款，深可嘆嘉。」澤有渡河恢復舊疆之意，以大名當衝要，檄提點刑獄郭永、漕臣張益謙，與北京留守杜充相犄角。永得檄，即朝夕謀戰守具。因結東平權邦彦爲援，兵聲漸振。是時，王善、張用諸大盜，皆招集京城下。卜日進發，以薛廣爲前驅。有陳德者，軍班换授，宣和間燕山用兵時，爲真定府路兵馬都監。蘆溝之役，降爲承節郎〔四〕。京城圍閉，在城上守禦，城陷，歸家不出仕。澤聞其名，尋訪得之，令統軍爲副，纔離京城〔五〕，而澤暴卒。澤志大才疏，功雖不就，而人皆惜之。會編卷一一七建炎二年八月條引遺史。

校勘記

〔一〕京師十七縣境臨河者七十里　袁本此句作「京師十六縣境兩縣境臨河者七十二里」。要録卷九叙此事作：「京畿瀕河七十二里，命十六縣分守之。」此外，皇宋中興兩朝聖政卷二、續宋中興編年資治通鑑卷一，皆作「十六縣」、「七十二里」。應是。「京師十七」，文津閣本作「京畿」。

〔二〕有歸格藝祖之文　「有」，原卷後校勘記、袁本、文津閣本作「著」。

〔三〕思世大治　文津閣本作「逢世大亂」。

〔四〕降爲承節郎　「承節郎」原作「承德郎」，按宋無承德郎，袁本作「承節郎」，據改。

〔五〕令統軍爲副纔離京城　「令統軍爲副」，袁本作「令繼廣爲副」，似是。「纔」字原闕，據原卷後校勘記及袁本補。

九月

〔三日甲申〕杜充爲北京留守也，提點刑獄郭永嘗畫三策以遺充。一日，永見充問其事，充曰：「未暇讀也。」永面數充曰：「人有志而無才，好名而遺實，驕蹇自用而有虛聲，以此當大任，鮮不顛沛。公等足與治乎〔一〕？」充大慚。一日，天雨紙錢於軍營中，約厚寸許，人皆以爲不祥。翌日，與金人戰於城下，敗績，充遂閉門以守。至是宗澤卒，乃命充爲京城留守，張益謙爲北京留守，裴億爲轉運使。會編卷一一八建炎二年九月三日甲申條引遺史。

〔十二日〕癸巳，金人陷冀州，權知軍州事單某自縊死。初，權邦彥既以兵赴帥府勤王，有將官李政者，本雲騎卒，以軍功授官，措置守城，甚有法。紀律嚴明，皆不敢犯。金人攻城，屢禦退之。或夜劫金人寨，所得財物盡散士卒，無纖毫入私，由是皆用命。一日，金人攻城甚急，有登城者火其門樓，與官軍相隔。政曰：「事急矣，能躍火而過者，有重賞。」於是有數十人，以濕氈裹身，持仗躍火，大呼力戰。金人驚駭，有失仗者，遂敗走。至是金以計誘其副將，使害政，故不能保而城陷。後秦檜言于朝，贈政忠州刺史。要録卷一七建炎二年九月十二日癸巳條據遺史及秦檜奏劄參修。

校勘記

〔一〕公等足與治乎　文津閣本作「與公等處其殆乎」。

十月

〔二十六日丁丑〕先是，詔求奉使絶域者，〔宇文〕虚中方提舉洞霄宫，乃上表自薦，遂加觀文殿學士，爲大金祈請使。要録卷一八建炎二年十月二十六日丁丑條小注引遺史。

十一月

十一月〔十五日〕乙未，濮州陷，金人圍城凡三十三日。要録卷一八建炎二年十月十二日癸亥條小注引遺史。

時相州圍久，糧食皆絶。守臣、直徽猷閣兼主管真定府路經略安撫司公事趙不試謂軍民曰：「今城中食乏，外援不至。不試，宗子也，豈可順敵？諸人當自爲計。」衆不應，不試又曰：「約降如何？」衆雖淒慘，然亦有唯唯者。不試乃登城遥謂金人，請開門投拜，乞勿殺。金人許之。不試乃具降書啓門，而納其家屬于井中，然後以身赴井，命提轄官實之以土，人皆哀之。要録卷一八建炎二年十一月十五日乙未條據遺史修。

十二月

〔五日乙卯〕〔苗〕傅拙直，不能曲奉内侍，故多譖之。要録卷一八建炎二年十二月五日乙卯條小注引遺史。

〔十日庚申〕權邦彦字朝美，崇寧四年進士，釋褐登第。靖康間知冀州，以兵赴元帥府勤王〔一〕。建炎二年，代盧益知東平府。孔彦舟爲鈐轄，邦彦與之不和，彦舟領兵叛去。至是，金人犯東平府，邦彦不能守，棄城遁去，降授朝散大夫。會編卷一一九建炎二年十二月十日庚申條引遺史。

李成侵濟南府界，擾于外邑，濟南堅守拒成〔二〕，求救于滄州劉錫。會金人侵京東，先至濟南府，劉豫謂滄州救兵來矣，即不爲守禦備，開門納之，乃金人也，遂就投拜。要録卷一八建炎二年十二月十日庚申條小注引遺史。

〔十四日〕甲子，金左副元帥宗維陷北京，起復朝奉大夫、河北東路提點刑獄公事郭永死之。要録卷一八建炎二年十二月十四日甲子條據遺史修。

〔二十一日辛未〕先是，朝廷措置防秋，朝士紛然求去。殿中侍御史張守上疏曰：「比年綱紀隳壞，風俗彫薄，士大夫無奉公守節之誠，爲全身遠害之計〔三〕。一旦緩急，委君父而不顧。此靖康之末可爲痛哭流涕者也！防秋届期，方事備禦，而職事官各欲便私而去〔四〕，則國家何賴邪？乞揭榜朝堂，明示敕戒。」上納其言。時邊事未寧，詔百官具所見奏聞，守即上防淮渡江利害各六條，大概尤以遠斥堠探報爲先。別疏論金人犯淮甸之路有四，宜取四路帥臣、守令，銓擇能否，各賜緡錢，俾之募戰士，儲芻粟〔五〕，繕甲兵，明斥堠，公賞罰，使之夙夜盡力扞蔽。疏至再上，宰相黄潛善、汪伯彦忘外患，恃江淮爲險，無經濟遠謀，忽略其言不用。守又乞詔執政大臣，惟以治軍旅，選將帥，嚴守禦，搜人材，係政事之大者。凡細微不急之務，付之都司六曹，惟防秋是圖。潛善、伯彦滋不悦，乃請遣守撫諭京城，意守不復還矣。陛辭，上諭之曰：「自當不次用，卿即日就道。」會編卷一一九建炎二年十二月二十一日辛未條引遺史。

校勘記

〔一〕以兵赴元帥府勤王　「赴」原作「附」，據袁本、文津閣本改。

〔二〕濟南堅守拒成　「成」原作「城」，據文津閣本及文意改。

〔三〕爲全身遠害之計　「爲」，張守毘陵集卷一論防秋士大夫求去劄子作「有」，似是。

〔四〕而職事官各欲便私而去　「欲」，文津閣本作「懷」。

〔五〕儲芻粟　袁本作「聚糧儲」。

建炎三年（己酉　一一二九）

正月

〔劉〕洪道嘗監六部架閣庫，爲金人所執，〔葛〕進得之，言於東京留守杜充，以洪道知青州。要録卷一四建炎二年三月十九日癸卯條小注引遺史。今按，要録此條後小注言：「洪道三年正月始至青州。」會編卷一二〇將洪道知青州繫在建炎三年正月十六日乙未，宋史卷二五高宗紀二繫在建炎三年正月八日丁亥。姑置此。

〔二十一日庚子〕〔一〕韓世忠在沭陽，夜寢不安，與其帳下乘夜大潮渡水，棄其軍北沙路〔二〕，走鹽城。翌旦，諸軍方覺知，以主帥既去，遂皆潰散。後軍管隊官李彦先率本隊四十七人，得二舟入海聚衆。自此，輔逵聚衆於漣水，李在據高郵，皆世忠之兵也。其餘收散卒自爲徒黨者，不可勝計〔三〕。宗維入淮陽軍，執守臣而去〔三〕。會編卷一二〇建炎三年正月二十一日庚子條引遺史。今按，從「後軍管隊」至「執守臣而去」一段，要録卷一九亦引之，且繫之於建炎三年正月二十七日丙午。

〔三十日己酉〕是時，邊報屢至，市井皆知金人兵將至者。而宰相黄潛善、汪伯彦禁止街市，不得扇摇邊事，亦不許士庶般挈出城。正月晦夜〔四〕，閻僅解到金人生口，朝廷愴惶，以内帑所有通夕般挈。會編卷一二〇建炎三年二月一日庚戌條引遺史。

校勘記

〔一〕與其帳下乘夜大潮渡水棄其軍北沙路　「大潮渡水」，袁本、文津閣本作「渡潮水大」。「軍」，袁本作「衆」。「北沙路」，袁本作「循北沙路」。

〔二〕不可勝計　「可」字原闕，據袁本、文津閣本、要録卷一九補。

〔三〕宗維入淮陽軍執守臣而去　會編闕此句，據要録卷一九補。李心傳改作「宗維入淮陽軍執守臣奉直大夫李寬而去」，依所附小注「牲之所書無郡守姓名」，删去「奉直大夫李寬」六字。

〔四〕正月晦夜　原作「二月晦夜」，袁本作「正月晦夜」，文津閣本作「二月朔」。會編將此條置在二月一日庚戌條下，後文又有「翌旦」一詞，當指二月一日。根據所叙事實，理應爲「正月晦夜」，故改。

二月

〔一日庚戌〕翌旦，駕御舟泊河岸，居人驚怖，莫知所爲。上即欲南幸，潛善等勸且候報得實，渡江未晚也。是日，遣兵出西門禦賊，士氣不鋭，人無鬬心，在職百官皆欲奔竄。是夜，江都縣前火。會編卷一二〇建炎三年二月一日庚戌條引遺史。

〔五日甲寅〕金人榜上繫銜云「東南道都統孛堇、東南道副都統孛堇、東南道都監」，凡三員。要録卷二〇建炎三年二月五日甲寅條小注引遺史。

是日，御營平寇前將軍范瓊自東平引兵至壽春，其部兵執守臣、右文殿修撰鄧紹密殺之。初，瓊次壽春，循城而南，守陴者見其認旗，笑曰：「是將軍者，豈解殺番人〔一〕？惟有走耳。」瓊聞而怒，乃檄府索其造語之人。紹密索得一人送之，瓊命斬于麾下。已而瓊之軍士入城負糧，紹密所將兵怨斬其同類，乃持仗逐之。瓊所部與格鬬，因入城焚掠。紹密死于亂兵，知下蔡縣趙許之亦死，城中悉爲灰燼。久之，贈紹密大中大夫。要録卷二〇建炎三年二月五日甲寅條據遺史修。

〔八日丁巳〕〔丁〕進及〔王〕淵於吕城鎮，淵數其罪，收斬之。要録卷二〇建炎三年二月八日丁巳條小注引遺史。

〔九日戊午〕〔上〕募使軍前者，進武校尉劉伸願行。要録卷二〇建炎三年二月九日戊午條小注引遺史。

〔二十日己巳〕時京東州縣告急踵至，潛善、伯彦蔽匿不以聞奏。人危之，有徙家出城爲避難之計者。潛善、伯彦恐摇動衆心，乃禁止百姓搬家出城，市井驚惶不安矣。及實報既至，車駕不移刻出揚州，而二相尚在都堂會食。堂吏來報云：「上已出城矣。」二相乃自都堂鞭馬而去。編年録卷一四建炎三年二月「己巳黄潛善汪伯彦並罷相」條引遺史。

〔二十二日辛未〕〔曾〕班自劾待罪，其兄楙、開請納官以贖班之罪，上不許，班坐遷謫。要録卷二〇建炎三年二月二十二日辛未條小注引遺史。

〔是月〕〔張〕用至確山，下令不得攻城，違者斬。要録卷二〇建炎三年二月末條小注引遺史。

校勘記

〔一〕豈解殺番人　「番人」原作「敵人」，據廣雅本改。

三月

〔二日庚辰〕初，〔朱〕勝非爲侍從，嘗論：「睢陽特以基命地，故列聖建别都，而要非用武之國。今虜騎充斥兩河，雲擾雍洛，不可卒至。惟襄陽西接蜀漢，南引江淮，可以號令四方，乞鑾輿幸之，控制南北，以圖中原。」上欣然納用，而大臣或沮之，其言不果行。及爲學士，復論揚州非駐蹕地。既爲中書侍郎，力論之，上深信焉。令吏部約當歲計郊祀之費，餘財皆運之金陵，祀事後當移蹕。宰相黄潛善力沮之，其言遂不行。後果倉卒有維揚之役，翠華南渡。至是，上見勝非，首及此，且曰：「悔不用卿言。」次日遂有是拜。編年録卷一四建炎三年「三月庚辰朱勝非右僕射」條引遺史。

〔三日辛巳〕勝非言〔葉〕夢得議論不協。要録卷二一建炎三年三月三日辛巳條小注引遺史。今按，此條當有闕文。

〔五日癸未〕是日，北風勁甚，門無簾帷，上坐一竹椅，無藉褥。要録卷二一建炎三年三月五日癸未條據遺史修。

〔十二日庚寅〕上移御顯忠寺。要録卷二一建炎三年三月五日癸未條小注云：「上移御之日，趙甡之遺史在十二日庚寅。」

〔二十五日癸卯〕百官朝睿聖宮，謂復辟矣。既至宮，乃請上爲大元帥。及宣詔，百官失色。要録卷二一建炎三年三月二十五日癸卯條小注引遺史。

〔二十八日丙午〕朱勝非奏，昨者鄭瑴除中丞，李邴復爲學士，人皆知其助朝廷之故。今大計已定，欲乞並除二人執政，以示天下，使知復辟之期。太后可之，乃除簽書樞密院事。編年録卷一四建炎三年三月「丙午李邴鄭瑴並同簽書樞密院事」條引遺史。

四月

〔二日己酉〕徽州進士汪訓義上疏，請皇帝聽政，詔閤門引見上殿。初，上既復辟，有徽士數人共議，欲上書請上聽政。或曰：「已復辟矣，奈何更欲上書？」或曰：「復辟、聽政，或是二事，有何不可？」訓義曰：「請來日謀之。」衆皆諾。訓義夜竊其稿，且詣匭投之，上召對。而訓義爲人庸鄙，上欲招致讜言，乃命爲迪功郎、充御營使司準備差遣。要録卷二二建炎三年四月二日己酉條據遺史修。今按，此段後李心傳小注有「牲之稱訓義紹興二十二年卒於濠州推官」一句。知「紹興二十二年卒於濠州推官」一句亦爲遺史佚文。

〔呂〕頤浩等進兵北關，〔苗〕傅、〔劉〕正彦見上，請設盟誓，兩不相害。要録卷二二建炎三年四月二日己酉條據遺史修。

〔四日辛亥〕世忠等初四日入城。要録卷二二建炎三年四月四日辛亥條小注引遺史。

〔六日癸丑〕勝非爲相，適遭苗、劉之變。勝非之性緩而不迫，雖柔懦而安審，故能委曲調護二賊，使不得肆爲悖亂。王世修，賊之腹心謀事之人也，勝非牢籠之，反能得二賊之心，而二賊不覺。故世修與二賊言事，二賊信之，皆勝非所使也。至是，勝非乞罷相，且自陳：「苗傅申請十八事，臣皆不爲施行。」識者聞勝非言及於此，不□也。上不許其去，勝非力請，上堅不許。勝非曰：「臣備位宰相，至使賊臣敢弄兵犯闕，陛下不以臣即死，而猶位宰相，臣何面目以見士大夫？」猶不許。勝非曰：「陛下如欲用臣，則俟異日，臣願以死報陛下。今日之罪，臣不自安，乞避相位。」上曰：「卿去，誰可代者？」勝非曰：「吕頤浩、張浚。」上問誰先，勝非曰：「如不出於二人，當先頤浩。」上首肯之，乃許勝非罷相，遂以觀文殿學士知洪州。賜詔褒諭曰：「卿位宰司之三日，變起倉猝。方群兇肆虐，脇制上下，圖謀僭逆。卿在廟堂，能折姦言，拒而不行。保安兩宫，卒以無虞。雖在外大臣提兵入援之力，實卿謀慮周密，終始保佑之功。朕甚嘉之，已除卿觀文殿學士知平江府。蓋朕將幸建康以援中原，倚大臣爲屏翰，委任重矣。」勝非聞命力辭，止乞依前降詔守洪。累詔不從，章五上乃許之。自南渡，勝非盡棄囊橐，一簪不存。至是，攜一布囊徑之洪州，行路人皆歎息。勝非遭變，委曲調護二賊，不敢別生他心，此爲大功。勝非有遭變録具載其事。編年録卷一四建炎三年四月「癸丑朱勝非罷相」條引遺史。

建炎三年夏四月，初，邵成章以上書論黃潛善、汪伯彥誤國，謫居吉州。上思其忠，召之，諸内侍忌其忠直，譖之曰：「邵九百來，陛下無歡矣。」乃使止于洪州居。紀勝卷二六江南西路隆興府官吏下引遺史。今按，此條内容亦見會編卷一二八建炎三年四月二十日丁卯條，但未言出自遺史。

建炎年間，苗傅、劉正彦爲亂，高宗退居顯寧寺，張浚、吕頤浩等起兵勤王，遣甄援攜蠟彈間行，入顯寧寺高宗退居之所，奏知張、吕勤王之事甚悉。高宗得知江上諸軍勤王之消息，皆援之力。其後事平，止補一小小右選，時論甚惜之。紀勝卷一六六潼川府路長寧軍官吏引遺史。今按，苗劉兵變在建炎三年三月，四月即被平定，故將此條置此。另，此條中出現「高宗」一詞，或是紀勝編撰者所改。方輿勝覽卷六五潼川府路長寧軍名宦亦引此條，叙述較爲簡略。

五月

〔四日辛巳〕資政殿學士、提舉西京嵩山崇福宫盧益爲淮東制置使，資政殿學士、提舉醴泉觀兼侍讀路允迪爲淮西制置使。上以兩淮爲强敵所殘，議擢大臣鎮撫，故有是命。益居天慶觀，置司備位而已，尋皆罷之。要録卷二三建炎三年五月四日辛巳條據遺史修。

〔九日丙戌〕建炎三年，改江寧府爲建康府。詔曰：「建康之地，古稱名都。既前代創業之方，又仁祖興王之國。朕本繇代邸，光膺寶圖。載惟藩屏之名，實符建啓之兆。蓋天人之久屬，況形勢之具存。興邦正議於宏規，繼體不失於舊物。其令父老再覩漢官之儀，亦冀士夫無作楚囚之泣。江寧府可改建康府，其節鎮號如故。」紀勝卷一七江南東路建康府府沿革引遺史。今按，會編卷一二九、景定建康志卷一五將江寧府改名建康府繫在五月九日丙戌，故附此。

〔十八日乙未〕張浚至高郵，薛慶詐迎入城，見浚之貌曰：「豈有如此樞密邪？」遂執之。浚隨行有陝西兵，多遭殺者。慶逼浚出所賫官告三千道而館之。要録卷二三建炎三年五月十八日乙未條小注引遺史。

〔二十四日辛丑〕薛慶之執浚也，屢欲殺之，其黨王存勸止之，曰：「真僞未可知，若殺真樞密，則異日欲歸朝廷，其可得邪？」慶然之，浚遂得歸。要録卷二三建炎三年五月二十四日辛丑條小注引遺史。

六月

〔二十八日乙亥〕維揚之役，遭殺戮者不可以萬計，上思而憫之。時將防秋，乃降是詔。會編卷一三〇建炎三年六月二十八日乙亥條引遺史。今按，此條前會編收録防秋令官吏家屬從便詔書，雖未言爲遺史原文，觀「乃降是詔」一語，知遺史引用了此詔書。至於引用多寡，已不可知，暫不作遺史佚文。

是時，始措置防江之策十有六條，令刑部鏤板。起居郎張守疏其失有五，且曰：「機事尚神密，而鏤板頒行，非也。」又上疏：「敵師近在東平，防秋近有旬月，而經畫措置未見端緒。大臣在政事堂，日困文書賓客之冗。願令撥置常事，思所以備禦，朝夕講究，以次施爲。」朝論是之。會編卷一三〇建炎三年六月二十八日乙亥條引遺史。

〔是月末〕初，唐州既爲金人所殘，乃移治桐柏縣，土豪董平盡攢集强壯爲兵，朝廷因以爲統制。平以兵勢脇制州郡，守臣滕牧不能堪。平怒，欲殺之。會京西轉運判官、直徽猷閣范正己行部至唐州，牧告其狀，正己陽數牧罪，下襄陽獄，言於朝。乙巳，詔免牧官，令疾速取勘。要録卷二三建炎三年五月二十八日乙巳條「以趙甡之遺史、陳規行狀、程昌寓家傳參修」。小注言「甡之載滕牧事於今年六月末」，因將此條所言滕牧事附在六月末。

七月

〔十三日己丑〕〔王〕綯字康功〔一〕，洛陽人，顯恭皇后之族弟也。建炎二年，黄潛善、汪伯彦以其柔懦無能，引爲御史中丞。是時，潛善、伯彦專以諂佞嫉賢爲能，而諸將亦諂附内侍，復驕恣奢侈，中外危之。綯箝口尸禄，不敢吐一言，識者以爲不忠。峻遷太子太傅。時皇太子旉薨，綯言：「臣傅無狀，故事當免。」不報。即除綯參知政事，其制詞甚美，曰：「惟賢者能立邦家，惟真儒無敵天下。」又曰：「養其至勇，仲由爲中國之强；覺以先知，伊尹得聖人之任。」獨冠廷臣之秀，偏儀禁路之華。雖風波興可畏之塗，而松柏保後凋之操。」綯在政府，伴食而已。編年録卷一四建炎三年「七月王綯參知政事」條引遺史。今按，王綯除參知政事月日，據要録卷二五、宋史全文卷一七、宋史卷二五高宗紀二補。此條中「建炎二年，黄潛善、汪伯彦以其柔懦無能，引爲御史中丞」一句，又見要録卷一六據遺史修，繫之於建炎二年六月五日戊午。

校勘記

〔一〕綯字康功　「康功」，毘陵集卷一三資政殿大學士左光禄大夫王公墓誌銘、建炎以來朝野雜記甲集卷一三、乙集卷一三、淳祐玉峰志卷中、中吴紀聞卷六作「唐公」，是。

閏八月

〔十四日庚寅〕上幸平江府，以杜充爲建康行宫留守，中書省即付充，令王𤫉、韓世忠等兵皆聽節制。江浙之人倚充爲重，而充日事誅戮以爲威，殊無制禦之方，識者爲之寒心焉。編年録卷一四建炎三年閏八月丁亥「杜充右僕射」條引遺史。今按，本條月日據會編卷一三二補。

〔是月〕〔程〕昌寓除〔東京〕留守。要録卷二四建炎三年六月二十八日乙亥條小注引遺史。

九月

〔七日壬子〕金人至應天，〔淩〕唐佐投拜，金人以應天爲歸德府，令唐佐知府事。要録卷二八建炎三年九月七日壬子條小注引遺史。

十月

〔十五日庚寅〕〔李〕成在滁州，軍容甚整肅。官員秀才許陳利害者〔一〕，雖一句可採，必誦之於心而不忘。每發一言必中理。或問成天下何時可定，成吟哦而言曰：「憑君莫問封侯事，一將功成萬骨枯。」問者心伏而退。嗚呼！怪哉〔二〕！會編卷一三二建炎三年十月十五日庚寅條引遺史。

〔十六日〕辛卯，李成陷滁州。先是，李成攻瑯琊山寨，知滁州、中奉大夫向子伋遣僧智修持書遺成通好，且犒師。成不從，攻之益急。寨中惟有澗水，不足以供數萬人之食，軍中皆食炒米，多得渴疾，於是往往越城而遁。鴉鵮山高而逼，成累土運薪，填其坳處，遂與城平。是日，賊攻城，大肆殺掠，溝澗流血。成執子伋殺之，盡取强壯以充軍。要録卷二八建炎三年十月十六日辛卯條。今按，小注言「向子伋事以趙甡之遺史修入」，故將此條作遺史佚文。

十月，昌寓入京師。要録卷二六建炎三年八月十九日乙丑條小注引遺史。

校勘記

〔一〕官員秀才許陳利害者　「許」，袁本作「訴」，似是。

〔二〕怪哉　袁本作「惜哉」。

十一月

〔八日壬子〕太后至城中，遭某賊放火，城中且救火，連日不止，城外又有一隊賊來圍了城。朱子語類卷一二七本朝一。今按，此條前有「曾光祖論及中興遺史載孟后過贛州時事，與鄉老所傳甚合」一句，因將此條作遺史佚文。月日據宋史卷二五高宗紀二補。

十一月〔十四日戊午〕，金人犯洪州，時内侍邵成章居于洪州，金人召之，曰：「知公忠正，能事大金，則富貴可以長享矣。」成章堅不從。金人逼之以威，屢欲殺之，亦不從。遂釋之曰：「忠臣難得，吾不忍殺。」復遺之金帛。紀勝卷二六江南西路隆興府官吏下引遺史。

今按，本條月日據要録卷二九補。

〔二十一日乙丑〕杜充聚諸軍在建康，而沿江皆無備，金人已渡，乃命諸軍迎敵。都統制王瓊素驕奢，不恤軍士，唯衛隊以旌旗簇擁夸其榮貴。身爲大將，無亡矢遺鏃之用，率本軍先遁。先是，輔逵在東陽，被檄策應，瓊與逵相遇於途中，曰：「已失渡口。」遂以兵皆南奔，自徽州入福建。劉晏走毘陵。韓世忠在鎮江，以胡騎驍勇〔一〕，其鋒不可當，乃率步卒航海，以伺其隙。會編卷一三四建炎三年十一月二十一日乙丑條引遺史。

〔二十三日丁卯〕王仲山字衡甫，與仲嶷爲兄弟，仲嶷字峰甫。仲嶷以袁州降，仲山又降，兄弟典二郡相望，皆不能全其節。後綦崇禮行其責詞曰：「昔唐天寶之亂，河北列郡並陷，獨常山、平原能爲國守者，蓋杲卿、真卿二顔在焉。爾等頃以家聲，屢塵仕板，未爲虧失〔二〕，寖預使令，爲郡江西，惟兄及弟，力誠不支，死猶有説。臨川先降，宜春繼屈。魯、衛之政，若循一途。雖爾無恥，不愧當時之公議，顧亦何施面目見爾先人於地下哉？」仲山，瑛之父也，有壻曰秦檜。會編卷一三五建炎三年十一月二十三日丁卯條引遺史。

〔是月〕趙立入楚州。要録卷三〇建炎三年十二月二十五日己亥條小注：「立入楚州，趙甡之遺史繫之十一月。」

校勘記

〔一〕以胡騎驍勇　「驍勇」，明鈔本、文津閣本作「狂勇」。

〔二〕未爲虧失　明鈔本、袁本、困學紀聞卷一五作「未聞虧失」，似是。

十二月

〔九日癸未〕車駕欲幸明州，有班直數十人出語不遜，吕頤浩冒雨著泥靴彈壓之。

班直理屈，往往跳水而死。要録卷三〇建炎三年十二月九日癸未條小注引遺史。

〔十一日乙酉〕時直顯謨閣劉誨自楚州赴召。要録卷三〇建炎三年十二月十一日乙酉條據遺史修。

〔二十四日戊戌〕兀朮在越州，乘馬往來市中，班直唐琦憤怒，以石擊之，被執，罵不絶口，亦罵李鄴降敵不忠，被殺。要録卷三〇建炎三年十二月二十四日戊戌條小注引遺史。

〔二十九日癸卯〕兀朮親追乘輿至明州而還。要録卷三〇建炎三年十二月二十九日癸卯條小注引遺史。

建炎四年（庚戌 一一三〇）

正月

〔十八日辛酉〕呂頤浩、范宗尹、王綯從車駕在海道〔一〕，常鬱鬱不樂，遊宴金鼇峰〔二〕，以消憂感。會編卷一三六建炎四年正月十八日辛酉條引遺史。

〔二十一日甲子〕潭州陷。要録卷三一建炎四年二月二日乙亥條小注云：「潭州之陷，日曆不載，趙甡之遺史繫之正月甲子。」

〔二十三日丙寅〕金人乘小鐵頭船，泛海隨潮過昌國縣，至沈家門而回。要録卷三一建炎四年正月二十三日丙寅條小注引遺史。

〔三十日癸酉〕汪藻之疏，可謂切中時病矣。獨不當分曹植黨，陰庇杜充之罪。夫杜充以宰相統兵，守大江，固金陵，一旦失利，乃曰罪在兵將，寧有此理？況杜充未嘗出戰，而藻言杜充力戰於前，言不由衷，豈能勝億兆人之詛？嗚呼！分曹植黨，今日之大弊。議論所以不公，事功所以不成者，蓋在此也。會編卷一三六建炎四年正月三十日癸酉條引遺史。今按，此條前即汪藻奏疏，遺史有「汪藻之疏」語，可知遺史引用了此奏疏，但不知引用幾何，故暫不作遺史佚文。汪藻此疏爲奏論諸將無功狀，又見浮溪集卷一、浮溪文粹卷四、歷代名臣奏議卷二三九。

四年正月〔程昌寓〕還蔡。昌寓在京師凡四月，隨行軍吏無糧食，乃不可留。要録卷二六建炎三年八月十九日乙丑條小注引遺史。

校勘記

〔一〕吕頤浩范宗尹王綯從車駕在海道　「在」，袁本作「往」。

〔二〕遊宴金鼇峰　「金」原作「六」，據袁本及會編卷一三六建炎四年正月十五日戊午條改。

二月

〔十三日丙戌〕是日，金人自臨安退兵。要録卷三一建炎四年二月十三日丙戌條據遺史修。

〔十七日庚寅〕鍾相起兵。要録卷三一建炎四年二月十三日丙戌條小注：「趙甡之遺史，相起兵在此月庚寅。」

二月〔十九日〕壬辰，程昌寓棄蔡州。要録卷三一建炎四年二月十九日壬辰條小注引遺史。

〔二十二日乙未〕〔周〕望方出城而去也，市人遮道，請留爲一城生靈計。既不可留，則極口嫚罵，望聞而不顧，於是市井間皆喧誦〔一〕。初，除望簽書樞密，制詞曰：「腹心留侯，高祖肇基於有漢。文武吉甫，宣王復振於宗周。夫非躬不世之全材，何以濟中興之遠業。賢者登用，國其庶幾。」謂望何以當此？會編卷一三七建炎四年二月二十二日乙未條引遺史。

向子忞約〔杜〕充同赴行在，充不從，出西門，自天長軍北去。要録卷三一建炎四年二月二十二日乙未條小注引遺史。

〔二十三日丙申〕是日，敵游騎至平江城東，統制官郭仲威兵未交而退。同知樞密院事、兩浙宣撫使周望奔太湖。市人請留，不可，則極口嫚罵，望不顧而去。守臣、徽猷閣直學士湯東野聞望已出，則挈家潛遁，以府印付仲威。要録卷三一建炎四年二月二十三日丙申條據遺史修。今按，周望事又見會編卷一三七建炎四年二月二十二日乙未條所引遺史，所述與此條差異甚大，故作兩條。

校勘記

〔一〕於是市井間皆喧誦　「喧誦」，袁本作「喧譁」。

三月

〔二十六日戊辰〕鍾相敗。要録卷三二建炎四年三月二十六日戊辰條小注：「鍾相之敗，趙甡之遺史繫之三月戊辰。」

四月

〔二十四日乙未〕初，江上防秋，韓世忠屯於鎮江府。及建康失守，世忠退軍於江陰軍，迤邐至平江府、秀州。至是，世忠聚集舟船，擺布於江中，以扼金人歸路。時邵青以舟船在蕪湖，往來於建康、竹篠港。世忠使人招青，青受招安，而不以會，乃曰：「我方爲賊，其下皆窮恐不爲用，故不可動也。」是役也，世忠敗金人於江中。奏捷至行在，除世忠檢校少師，改武成感德軍節度使。制詞有曰：「屯兵要害，邀擊其師。大振軍聲，殺獲過當。犬羊震慴，知國有人。」會編卷一三八建炎四年四月二十四日乙未條引遺史。

上初從海道還至越州，遽罷頤浩，人情不悦。未幾，詔曰：「頤浩早幹化權，晚登清貫。方逆黨亂常之日，起勤王唱義之師。既推功於一時，遂俾贊於萬務。而期年當軸，百度乖方。輿論不厭，臺章屢上。遂陳悃愊，請去鈞衡。會不深思，自貽重悔。朕方啓中興之業，師建武之規。凡是勳庸，務加全護。憫勞以官職之事，姑優以袞鉞之榮。俾服恩光，用期卒歲。不令狼籍，重困後言。予奪惟公，初終甚厚。兹爲垂古之法，是申止信之誠。中外人民，體予至意。」頤浩爲相，不務體貌，惟明賞罰，先公道，治贓吏，恤民疲，親作書致幣以招群賊，撥隸諸軍。嘗決堂吏，吏曰：「自祖宗朝無此例。」頤浩曰：「自頤浩始。」編年録卷一四建炎四年「四月乙未吕頤浩罷相」條引遺史。

〔二十五日丙申〕〔韓〕世忠以四月丙申敗于建康。要録卷三二建炎四年三月十五日丁巳條小注引遺史。

五月

〔三日甲辰〕〔范〕宗尹拜右僕射，具疏辭免。賜詔不允，仍斷來章。汪藻行詞曰：「言其重厚，則如倚泰山而坐平原；語其疏通，則若駕輕車而就熟路。乃布大號，任之不疑。」宗尹讀之喜。上慨念自維揚以來宰相誤國，致天步未安，深創前弊，思與大臣規圖中興之業。於是，宗尹謂新除參知政事張守曰：「今日之勢，正如人之疾病，沉痼方篤，稍施駛藥，立見顛仆之患。要施設有序，勿遽勿亟，當相與戮力，啓沃上前，廣言路，拔賢才，節財用，惜名器，無以僥倖〔一〕，左右彌縫，庶乎其可也。」故宗尹建議改易軍制，改御前五軍爲神武五軍，御營五軍爲神武副五軍。又建議吕頤浩爲建康府路安撫大使兼知池州，朱勝非爲江州路安撫大使兼知江州，劉光世爲兩浙西路安撫大使兼知鎮江府。又建議江淮、荆湖、京西等路分鎮，如陳規爲德安府漢陽軍鎮撫使兼知德安府，解潛爲荆南府峽州荆門公安軍鎮撫使兼知荆南府是也。然宗尹量移王時雍、徐秉哲、莫儔、吴幵、王紹、王及之、胡思等，仍薦孫覿、汪藻、李擢、陳戩等。宗尹量移王時雍以下皆不聞奏，議者譏其不公。編年録卷一四建炎四年「五月甲辰范宗尹右僕射」條引遺史。今按，從首句至「庶乎其可也」，會編卷一三九亦引之，且繫之於建炎四年五月十三日甲寅條下，字句有異。

〔十三日〕甲寅，金人陷定遠縣，龍神衛四廂都指揮使、保寧軍承宣使、節制淮南軍馬閭勍爲所執。初，山東盜起，濮州人史康民因迎神，會有織扇儀從之物，藉以爲資，遂擁衆作亂。轉至淮南，往來於淮、泗間。有張文孝者，在其軍中，後畔康民，殺康民父母，自爲一軍。勍之節制淮南也，自山陽渡淮至泗州，文孝出城迎拜，勍甚喜，與文孝偕至招信縣。節制軍馬劉位禦之，文孝戰不勝，與勍往濠州，屯於黄連阜。文孝名爲迎勍，實挾勍也。是時，康民屯於韭山，文孝往攻濠州，康民乘虛掩黄連阜，破其寨，邀勍以歸，屯於定遠縣。勍猶以節制之職，傳檄河南諸郡。金人周太師在壽春，僞知濠州孫興以告，周太師遣其將趙壽統兵自渦口渡淮。是日入西門，康民出兵迎敵，大敗而歸。執勍者，亳州大太師。是役也，康民幾死，使臣趙宏救之，得免。宏，湯陰射士也，初爲岳飛部曲，勍從飛假之。勍至南京，金人欲降之，不可；欲以爲京東安撫使，又不可。虜怒，敲殺之。訃聞，贈檢校少保、昭化軍節度使，謚壯節。要録卷三三建炎四年五月十三日甲寅條據遺史增修。今按，此條小注：「遺史但云『金人周太師』，據日曆今年十二月癸未壽春府所奏，即漢兒周企也。」據此將要録原文「敵將周企」、「企」改爲「金人周太師」、「周太師」。小注又引遺史：「執勍者，亳州大太師。」故將此句與正文中「壽已自北門入，執勍而去」替換。小注云「壽即大太師，亦未可知」。

〔十四日乙卯〕〔王〕綯自建炎三年七月除參知政事，是年五月罷，授資政殿大學士、提舉萬壽觀兼侍讀，執政不及一年。綯累章求退，上曰：「綯醇儒，嘗爲朕宮僚，事朕始終如一，不欲遽令去。」是月，遂有此授，蓋優禮也。綯在政府一年，無所建明，噤嘿而已。編年録卷一四建炎四年五月「己卯王綯罷參知政事」條引遺史。今按，本條月日據要録卷三三、宋史卷二六高宗紀三及卷二一三宰輔表補。

校勘記

〔一〕無以僥倖　要録卷三三引宗尹語作「抑僥倖」，似是。

六月

〔二十二日壬辰〕〔徐〕文授武經夫夫、閤門宣贊舍人。士幹下大理寺，併刺面配廣南，後不知所終。要録卷三四建炎四年六月二十二日壬辰條小注引遺史。

七月

初，程千秋既入蜀，其後軍將王闢復叛去。至是陷興山縣，遂破歸州。闢不知地利，帥臣直龍圖閣張上行檄本路兵馬鈐轄、中亮大夫、貴州防禦使田祐恭率義兵，以木弩射之，闢敗去。祐恭，思州人也。要録卷三五建炎四年七月條「據趙甡之遺史及今年十月夔路安撫司所奏修入」。

張用據漢陽軍。初，用在淮西，其軍乏食，遂至信陽軍，復往德安府。用屯中軍于三龍河，曹成屯于應城縣。諸軍散居，連接至郢州不絶。至是用所部魚磨山寨軍亂，將佐王林、孟振等殺其統領官馬某。林，相州人，嘗爲敵所擒，盛以布囊，置船舷上，以刀斫其頸，棄黄河中，復得活，謂之王八刀。用聞之，疑諸軍圖己，遂棄其軍去，願從者一二千人。至漢陽，會沿江措置司右軍統制馬友屯漢陽境上，漢陽知軍范某，乃以印授用，用遂爲知軍。鄂州路安撫、沿江措置副使李允文聞之，遣其將張定國往招用，遂濟其師。允文怒曰：「何不且撫定，而遂濟度乎？」定國懼，以其兵叛，自漢陽界掠强壯而去。允文遣水軍將張崇追之，不及，允文乃以宣撫處置司便宜之命，徙范某爲沿江措置司提領官。要録卷三五建炎四年七月條據遺史修。今按，小注中有「遺史云『漢陽知軍范某』，而無其名，又不書馬友知漢陽事」，據此改動相關語句。

八月

八月〔二日〕壬申，劉光世來朝。要録卷三四建炎四年六月十三日癸未條小注引遺史。

〔十三日癸未〕金人敗吴玠于彭原店，復歸河東。張浚欲大舉，問曲端有何計策，端謂：「承平之久，人不經戰，金人新造，難與争鋒。宜訓兵秣馬，保疆而已。俟十年，方可議戰。」浚不喜，乃曰：「將軍持不戰之説，豈可以當大將？」端曰：「唯。」遂納威武大將軍印，猶用爲參謀。時王庶亦爲參謀，議論不協，固辭。遂以爲都轉運使，隨軍而已。浚發秦亭，見兵馬俱集，大喜，謂當自此便可以徑入幽燕。問端如何，端曰：「必敗。」浚曰：「若不敗如何？」端曰：「若宣撫之兵不敗，端伏劍而死。」浚曰：「可責狀否？」端即索紙筆責軍令狀曰：「如不敗，當伏軍法。」浚曰：「浚若不勝，當復以頭與將軍。」遂大不協。初，王庶以失延安自劾，罷節制也，聞浚入蜀，即前途迎見之，浚以爲參謀官偕行。浚已失全陝，復欲用端，庶固以爲不可，乃送端萬州編管。要録卷三六建炎四年八月十三日癸未條小注引遺史。今按，此條末言及富平敗後事，當在九月二十四日癸亥之後。或遺史原文即是如此，故據要録附此，不再拆分。

四年八月，桑仲陷襄陽，程千秋棄城走。要録卷二九建炎三年十一月三日丁未條小注引遺史。

九月

〔五日甲辰〕以〔蔡〕延世爲通直郎，賜五品服。要録卷三七建炎四年九月五日甲辰條小注引遺史。

〔十七日丙辰〕砲中〔趙〕立股，骨折而死。要録卷三七建炎四年九月十七日丙辰條小注引遺史。

〔二十日己未〕建炎四年，王彦在金州，時中原盜賊蠭起，無所資給，惟四川號爲全富。金州當蜀之門户，桑仲有窺四川之意，擁衆號三十萬，直犯金州白土關。或請避賊鋒，彦曰：「吾誓不與賊俱生。」時官軍纔二千人，彦謂諸將曰：「敢有言避賊者斬！」賊張步騎六道並進，彦執旗大呼麾士，士悉殊死鬭，賊大敗，追襲二百餘里。紀勝卷一八九利州路金州官吏引遺史。今按，此條月日據要録卷三七、會編卷一四二補。

〔二十四日癸亥〕〔富平之敗〕諸軍驚亂，〔張〕浚乘騎急奔，諸軍皆潰。要録卷三七建炎四年九月二十四日癸亥條小注引遺史。

〔二十五日甲子〕御史中丞秦檜初以不願立張邦昌，遭粘罕拘執北去，并其妻王氏同行。隨行有小奴硯童與婢興兒、御史街司翁順而已。至金國，見虜主文烈帝，高其不附立異姓之節，以賜其弟撻懶爲任用。任用者，執事也。撻懶亦高其節，甚相親信。金人許隨南官遷徙之人各逐便，硯童、興兒、翁順皆不欲捨檜去，乃共約同生死，遂不相離。金人欲用撻懶提兵而南也，命檜以任用偕行。檜密與妻王氏爲計，至燕山府，留王氏而已獨行。王氏故爲喧爭曰：「我家翁父使我嫁汝時，有貲財二十萬貫，欲使我與汝同甘苦盡此平生。今大金國以汝爲任用，而乃棄我於途中耶？」喧争不息。撻懶與檜之居比鄰，聲相聞，撻懶妻一車婆聞之，請王氏，問其故，王氏具以告。一車婆曰：「不須慮也。大金國法令，許以家屬同行。今皇弟爲監軍，亦帶家屬在軍中，秦任用何故留家屬在此而不同行也？」白之撻懶，遂令王氏同行。由是硯童、興兒、翁順亦偕行。檜爲任用，又隨行參謀軍事，又爲隨軍轉運使在孫村浦寨中。楚州陷，孫村浦寨金人紛紛争趨入楚州。檜常以梢工孫静爲可與語，遂密約静於淮岸，乘紛紛不定，作催淮陽軍、海州錢糧爲名，同妻王氏、硯童、興兒、翁順及親信高益恭等數人登小舟，令静掛席而去。至漣水軍界，爲丁禩水寨邏者所得，將執縛而殺之。檜知水寨尚爲國家守，乃告之曰：「我御史中丞秦檜也。」寨兵皆村民，不曉其説，且謂執到姦細，陵辱之。檜曰：「此中有秀才否？當知我姓名。」或謂有賣酒王秀才，當令一看之。王秀才名安道字伯路，素不識檜，乃佯爲識檜，以紿其衆，且欲存檜也。遂一見而長揖之曰：「中丞安樂，勞苦不易。」衆皆以爲王秀才既識之，即不可殺，遂以禮待之。硯童、興兒、翁順、高益恭等一行皆得生全，王秀才之力也。會編卷一四二建炎四年九月二十五日甲子條引遺史。今按，查會編各版本，此條皆未注出處，然要録卷三八亦引此條，言出自遺史，故知會編此條所引乃遺史原文，而漏標書名。要録將此條繫於建炎四年十月二日辛未，較爲簡略。

〔二十九日戊辰〕〔趙〕立以己未之日死，城以甲子之日陷。立一妻一妹，一女年十餘歲，男子方總角，或遭拘掠〔一〕，或被殺害皆盡。要録卷三七建炎四年九月二十九日戊辰條小注引遺史。

校勘記

〔一〕或遭拘掠　「拘掠」，會編卷一四二建炎四年九月二十五日甲子條作「虜掠」，當是。

十月

〔九日戊寅〕孔彦舟得鍾相，乃造法物儀仗，欲張大其功。乃解赴朝廷，至攸縣遇曾龍圖，殺相，所造法物亦散失。要録卷三八建炎四年十月九日戊寅條小注引遺史。

〔二十一日庚寅〕張中彦、趙彬同謀逐〔劉〕錡。要録卷三八建炎四年十月二十一日庚寅條小注云：「牲之以爲張中彦、趙彬同謀逐錡。」

〔三十日己亥〕直秘閣、淮寧順昌府蔡州鎮撫使馮長寧以王命阻絶，棄城去。是月，以淮寧附於劉豫。要録卷三八建炎四年十月三十日己亥條據遺史附。

十一月

〔四日癸卯〕岳飛棄泰州。要録卷三九建炎四年十一月七日丙午條小注：「飛棄泰州，據趙甡之遺史在此月癸卯。」

〔十九日戊午〕檜請以本身合得恩澤授〔王〕安道、〔馮〕由義官，由是皆補迪功郎。要録卷三九建炎四年十一月十九日戊午條小注引遺史。

紹興元年（辛亥　一一三一）

二月

〔三日庚午〕詔朝奉郎、知益陽縣魏舜臣俟任滿陞擢差遣，以御史韓璜論其嘗拒鍾相也。時知漢陽軍馬友以糧乏，遣其將王成率衆渡江犯鄂州。副總管張用率精兵登城詰問〔一〕，以神臂弓射之，成乃退。翌日，李允文以友爲湖南副總管。友盡取漢陽財物往湖南，道過岳州，守將吳錫棄城去，率精兵數千自益陽入邵州，舜臣時權州事，爲所逐。要録卷四二紹興元年二月三日庚午條據遺史參修。今按，「李允文以友爲湖南副總管」一句，原作「李允文即以友權荆湖南路招捉公事」，據此條後小注「遺史言『允文以友爲湖南副總管』」改回。

〔六日癸酉〕〔霍〕明在郢，與德安通書，陳規亦藉其通船路。要録卷四二紹興元年二月六日癸酉條小注引遺史。

〔十四日辛巳〕檜字會之。建炎四年十月，秦檜既脱虜寨，還至行在，士論疑之。范宗尹、李回奏其忠而薦其才，上甚喜，即除禮部尚書。是年二月，秦檜除參知政事，具辭免，賜詔不允，有曰：「安社稷爲悦，嘗抗死以力陳；與鳥獸爲群，卒奉身而旋返。」虜歎子卿之不屈，人嘉季友之來歸。」皆的句也。檜既爲參政，謂宰相可得。嘗因奏事曰：「陛下如能用臣爲宰相，臣必有聳動四方之事。」上默然。編年録卷一五紹興元年「二月辛巳秦檜參知政事」條引遺史。

〔二十三日〕庚寅，張浚奏本司都統制曲端自聞吴玠兵馬到郡，坐擁重兵，更不遣兵策應，已責海州團練副使，萬州安置。詔依已行事理。初，浚自富平敗歸，始思端及王庶之言可用。庶時以朝議大夫持母喪居蜀，乃併召之。庶地近先至，力陳撫秦保蜀之策，勸浚收熙河、秦鳳兵扼關隴，以爲後圖。浚不納，求終制，不許，乃特授參議官。浚徐念端與庶必不相容，暨端至半道，但復其官，移恭州。宣撫處置使司主管機宜文字楊斌素與庶厚，知庶怨端深，乃盛言端反，以求合。又慮端復用，謂端反有實跡者十。又言端客趙彬揭榜鳳州，欲以兵迎之。秦鳳副總管吴玠亦懼端嚴明，譖端不已。庶因言於浚曰：「端有反心久矣，盍蚤圖之。」會蜀人多上書爲端訟冤，浚亦畏其得衆心，始有殺端意矣。要録卷四二紹興元年二月二十三日庚寅條據王之望西事記、趙甡之遺史、費士戣蜀口用兵録參修。

〔二十六日癸巳〕〔汪〕藻之言，深切時務，偉矣哉！唯論將帥之名分抑之太甚，不能無文武黨比之私。其言使將臣「毋數燕見」者，是豈知蜀先主與關、張同卧起？使將臣「無得參議論」者，是豈知漢光武與賈復輩論朝政？藻徒知三衙見大臣執撾肅揖之恭，而不知廟堂延接自有官制高下之式。藻又謂「此曹何所知識」，是待將帥以無人矣。此書既傳，兵將官皆不堪之，有令門下士作不當用文臣論者，其略曰：「今日誤國者皆文臣，蔡京壞亂綱紀，王黼收復燕雲之役〔二〕，執政、侍從以下，持節則喪節，守城則棄城。建議者執講和之論，奉使者持割地之説。提兵勤王則潰散，防河拒險則遁逃。自金人深入中原，蹂踐京東西、陝西、淮南、江浙之地，爲王臣而棄民誤國敗事者，皆文臣也。時時有一二竭節死難〔三〕，當横潰之衝者，皆武臣也。又其甚也，張邦昌爲僞楚，劉豫爲僞齊，非文臣，誰敢當之？」自此文武二途，若冰炭之不合矣。會編卷一四五紹興二年二月二十六日癸巳條引遺史。今按，「藻之言」，指此條前汪藻所上行在越州條具時政書，會編在奏疏下接以「遺史曰藻之言」，遺史當是引用了此奏疏，但不知引用多寡。此奏疏又見浮溪集卷一、浮溪文粹卷五、歷代名臣奏議卷二三九。

金人以舟載江浙所掠輜重，自洪澤入淮。至清河口，假宣教郎國奉卿在趙瓊水寨，與瓊夜劫其舟，得李棁所攜户部尚書印，上之。要録卷四二紹興元年二月二十六日癸巳條據遺史修。

〔是月〕桑仲爲鎮撫使。要録卷三六建炎四年八月二十八日戊戌條小注：「趙甡之遺史載仲爲鎮撫使在明年二月，蓋記其受命之時。」

〔孔〕彦舟焚潭州。要録卷四三建炎四年三月九日丙午條小注：「彦舟焚潭州，他書不著月日，趙甡之遺史在今年二月。」

校勘記

〔一〕副總管張用率精兵登城詰問　「精兵」，文津閣本作「親兵」。

〔二〕王黼收復燕雲之役　「役」，袁本、文津閣本、要録卷四二引此論作「後」。

〔三〕時時有一二竭節死難　「時時」，原卷後校勘記、袁本作「時特」，意勝。

三月

〔十三日庚戌〕〔馬進〕賊退走，死者數萬人，俘八千人。要録卷四三紹興元年三月十三日庚戌條小注引遺史。

紹興元年三月，張浚自陝西回〔一〕，過漫天坡，〔郭〕奕爲詩曰：「大漫天是小漫天，小漫天是大漫天。只因大小漫天後，遂使生靈入四川。」後奕罷宣司幹官，與通判，不赴。往普州，賣蒸餅爲生，晏如也。方輿勝覽卷六七利州東路閬州名宦引遺史。

紹興元年三月，李成徒黨退興國軍，執知軍李儀奔淮南，後儀及一親隨僕遁走得免。儀衲襖中有碎金數十兩〔二〕，至江州對岸一小寺中，腰間出興國軍印示其主僧，求安下。僧見儀衲襖中是有物者，遂夜并其親隨僕縊殺之，棄屍寺後。僕稍蘇，自解其繩，走至江邊，得小舟乃度。詣江州密訴，盡捕僧行。鞫勘是實，追黄金數十兩，興國軍印乃擲棄江中不獲，僧人與同惡者皆陵遲處斬。紀勝卷三三江南西路興國軍官吏引遺史。

校勘記

〔一〕張浚自陝西回　「張浚」原作「張俊」，據所叙年月及相關史實，應是張浚富平之敗事。另，會編卷一四五亦載郭奕此詩，亦言因張浚敗事所作。故改。

〔二〕儀衲襖中有碎金數十兩　「數十」原作「十數」，據會編卷一四五紹興元年三月二十七日甲子條及下文改。

四月

〔九日乙亥〕〔張〕榮得遥郡觀察使。要録卷四三紹興元年四月九日乙亥條小注引遺史。

〔十三日己卯〕浙西安撫大使劉光世以泗州土豪徐宗誠爲保義郎、知泗州。先是，沿淮水陸巡檢寇宏以其衆附於真揚鎮撫使郭仲威，仲威假宏敦武郎、閤門祇候，充鎮撫司統制。宏，壽春人，素以操舟爲業，兇狡無行，良民苦之。建炎末，與其徒張先聚衆掠舟，沿淮而下。趙立以先知泗州，宏爲水陸巡檢。先尋爲土豪所殺，宏以衆數百泊龜山下，願受仲威節制。於是，國奉卿在宿遷趙瓊水寨，未有所向，乃説瓊父革率衆與宏合軍。衆議以宗誠守泗，臧翌守盱眙，宏遂復上鳳凰州刈民麥以食。光世即以宗誠知泗州，翌爲承信郎、通判州事〔一〕。時泗州無復居民，滿地荊棘而已。宏既無所向，乃以舟師犯濠州，權知州事李玠禦之。要録卷四三紹興元年四月十三日己卯條據遺史附入。

校勘記

〔一〕通判州事　「判」字原闕，以本條小注引劉光世奏云「通判臧翌」補。

五月

〔二十一日丙辰〕初，吕頤浩之在相位也，聞滄州人李齊在海中聚衆，乃白上，遣使臣董某乘海舟賚詔，授齊武翼郎、閤門宣贊舍人，使收復山東陷没州郡。丙辰，船乘風誤泊福島，爲范温所得。温以禮待二人，且詢問朝廷消息，始知上駐蹕會稽，士皆感泣。温遂遣參軍事李植等三十二人，泛舟赴行在，且告李齊已順僞齊矣。温，農家子，初聚衆牢山，後守福島，其爲人無他長，惟待人以誠，故能得衆焉。要録卷四四紹興元年五月二十一日丙辰條據遺史及范温申狀參修。今按，「董某」，要録正文作「董德」，小注言「遺史董某無名」，據此改回。

〔二十二日丁巳〕〔秦〕檜陷虜，王㬇取王氏子，冒姓秦，以爲檜嗣，立名曰熺。要録卷四四紹興元年五月二十二日丁巳條小注引遺史。今按，此條所言之事，定在秦檜南歸之前，今且據要録繫此。

〔二十七日壬戌〕是日，邵青受劉光世招安，太平州圍解。初，青既薄城下，與其徒單德忠、閻在等分寨四郊，開畎河水，盡瀦圩岸，以斷援兵來路。調民伐木爲慢道，怠緩者殺而并築之〔一〕，一日之間，與城相平。賊攻具畢施，遂縱火焚樓櫓，刳孕婦取胎以卜吉凶。敵樓爲砲所壞，守臣郭偉運土實之，賊不能近。偉方食於城上，青以砲擊其案，又以矢斃其侍吏，偉亦不顧。相持凡九日。偉募死士乘夜下城，因風焚其慢道。又二日，決姑溪水以灌其營。青窮蹙，會光世遣使來招安，翌日，青遂去。要録卷四四紹興元年五月二十七日壬戌條據遺史參修。

〔是月〕〔郭〕仲威引兵至建康，爲劉綱所招，劉光世生致之。要録卷四四紹興元年五月十一日丙午條小注引遺史。今按，本條月日據要録小注。

校勘記

〔一〕調民伐木爲慢道怠緩者殺而并築之　此句及下文「因風焚其慢道」之「慢道」，文津閣本皆作「除道」。「怠緩」，文津閣本作「怠慢」。

六月

〔十八日癸未〕張俊移文〔李〕允文曰：「恭奉聖旨〔一〕，率大兵前來掩殺賊徒李成，請照會。」時鄂州糧且盡，而孔彦舟在漢陽，允文得牒，遂將其軍往江州丁家洲見俊。俊分其軍，留三百人與允文回鄂州。允文怒俊奪其軍，有言侵俊，俊怒，具允文在鄂州事，差人押赴行在所。要録卷四五紹興元年六月十八日癸未條小注引遺史。

校勘記

〔一〕恭奉聖旨　「奉」原作「奏」，據會編卷一四七紹興元年六月條改。

八月

俊以八月〔八日〕壬申，親揀〔張〕用軍。要録卷四六紹興元年八月二日丙寅條小注引遺史。

是歲八月，參知政事張守薦汪伯彦之才可用，侍御史沈與求論守所薦不當，守遂罷政。初，伯彦以宰相敗事，責永州安置。秦檜嘗在其席下讀書，及爲宰相，薦其才，復正議大夫，俄復觀文殿學士、江東安撫大使兼壽春府廬和等州安撫使、知池州。清議不容，沈與求言其誤國，不可復用。遂改除提舉洞霄宫。編年録卷一五紹興元年九月癸丑「呂頤浩罷參知政事」條引遺史。今按，依此條内容及要録卷四六、皇朝中興紀事本末卷一一、宋史卷二六高宗紀三置此。

紹興元年八月，朱勝非知江州，嘗論鎮撫使處置乖方之狀，又乞歸江西帥於洪州。俄江西帥司復歸洪州，湖東南路依舊爲南北路。紀勝卷二六江南西路隆興府府沿革引遺史。今按，會編卷一四八、要録卷四八、宋史全文卷一八、宋史卷二六高宗紀三，所記朱勝非知江州月日均在紹興元年十月三日丙寅。此條作「八月」，或有誤。

九月

〔二十日癸丑〕范宗尹罷相，乃召吕頤浩，而先相秦檜。又，富直柔、韓璜、辛道宗、永宗皆譖頤浩，故到闕多日，而未有除拜，人皆疑之。俄拜少保、左僕射。要録卷四七紹興元年九月二十日癸丑條引遺史。

紹興元年九月，〔葉〕夢得爲江南東路安撫大使兼知建康府。編年録卷一四建炎三年二月己巳「張澂尚書右丞」條引遺史。

十月

〔十二日乙亥〕是日，浙西安撫大使司統制官王德以黄榜招安水軍統制邵青，既而降之。初，青自鎮江引舟師駐於崇明鎮，朝廷遣德往招捕，德駐軍青龍鎮，自率親兵往崇明，而爲泥港所隔。青先遣人鋪板布釘籤，官軍不知，争渡而過，多死于泥中。青遥語德曰：「太尉後隔潮水，我若以數百人棹舟扼守津要，則太尉糧食不通，而自斃矣。然豈可扼人於險？太尉其速歸。」德曰：「邵統制，汝壯士，盍歸朝廷乎？」青曰：「諾。然軍中不能不犯朝廷之法，太尉可乞降一黄榜，應以前罪犯一切不問，則與太尉同歸。」德許之，折箭爲誓。言於朝，詔以青改過自新，可依所乞，日前罪犯，特與赦免。德遣使持榜示青，黄榜大概言王德掩殺水賊邵青，其勢困厄，不欲廣殺，乞降榜招降。青見之，大怒。其妻謂青曰：「汝不記作賊繫獄，我剪髮餽汝？今既如此，乃欲負朝廷耶？」時副統制、從義郎單德忠等皆欲受招，惟統轄官閻在不欲。後數日，諸將晨謁青，德忠即擊殺在於坐，謂衆曰：「敢有不歸朝廷者依此！」衆默然。青聞之，揮涕而出，曰：「單統制若欲得印，當好相付，胡爲乃爾？」德忠食塊自明，然後勸青納兵以贖罪，青從之。德忠即命倒旗鎗，通款狀，遂受招安。要録卷四八紹興元年十月六日己巳條據遺史修。今按，本條月日據小注。另，「黃榜大概言王德掩殺水賊邵青其勢困厄不欲廣殺乞降榜招降」，李心傳改作「榜中有云官軍晝夜攻打青等城上乞降」，據小注改回。

〔十六日〕己卯，翊衛大夫、福州觀察使、浙東馬步軍副總管、兼溫台明州防遏事辛道宗罷兼職。初，道宗既出，會浙東副總管楊可輔上書言時政，辭旨切直，罷之。要録卷四八紹興元年十月十六日己卯條據遺史修。

十一月

〔四日丁酉〕〔沈〕與求再章言〔辛〕永宗之罪，其章不行，而有是除。要録卷四九紹興元年十一月四日丁酉條小注引遺史。「而有是除」，指除辛永宗權主管侍衛馬軍司公事。

紹興二年（壬子　一一三二）

正月

〔十二日甲辰〕是時，王次翁在廣右，有二詩曰：「徙薪曲突論無憑，太尉山中混耦耕。頭額爛焦曾未録，參謀先已享專城。」「近來出處事何如，先輩風流埽地無。忽有子充驚末俗，一言未契便長驅。」會編卷一五〇紹興二年正月十二日甲辰條引遺史。

〔沈〕與求自侍御史除御史中丞，時軍儲窘乏，與求極陳屯田利害，爲古今集議上下二篇上之。又禁衛單寡，兵權不在朝廷，與求上言：「仰惟陛下移蹕東南，將圖恢復之舉，先務之急，宜莫如兵。漢有南北軍，唐有府兵、彍騎之法，既壞，猶有内外諸鎮之兵上下維持，使無偏重之勢，其意遠矣。今圖大舉，而兵權不在朝廷。雖有樞密院及三省兵房、尚書兵部，但奉行文書而已〔一〕。願詔大臣講求利害而舉行之，使人情不駭，而兵政益修，助成經理中興之志。」會編卷一五〇紹興二年正月十二日甲辰條引遺史。

〔二十三日乙卯〕紹興二年，岳諒臣知滁州〔二〕，聞鄉村常有食人者，命捕之。捕到六人，諒臣曰：「何得食人？」曰：「無糧可食。」諒臣曰：「吾貸爾死，爾爲我捕捉周智、張九，可乎？」周智、張九，最嗜食人者也。六人曰：「願執之。」期以旬日，果執周智、張九至，即日陵遲處斬于市，自是食人者遂止。紀勝卷四二淮南東路滁州官吏引遺史。今按，會編卷一五〇將此事置在紹興二年正月二十三日乙卯條下，故將此條繫此。岳諒臣捕食人者事，要録卷五一紹興二年二月十二日甲戌條亦有記述，乃據遺史增入，較爲簡略。

〔二十四日丙辰〕内侍鄭諶與〔徐〕俯遊於江西，重其詩文。至是，力薦於上。要録卷五一紹興二年正月二十四日丙辰條據遺史修。

校勘記

〔一〕雖有樞密院及三省兵房尚書兵部但奉行文書而已　「兵房」原作「兵部」，據明鈔本、劉一止苕溪集卷三〇知樞密院事沈公行狀、要録卷五一引沈與求上言、皇朝中興紀事本末卷二〇改。「奉」原作「舉」，據明鈔本、苕溪集、要録、皇朝中興紀事本末改。

〔二〕岳諒臣知滁州　「岳諒臣」，要録卷五一作「樂亮臣」，當是。

三月

〔二十二日癸丑〕劉豫遣蔣頤持書遺〔翟〕興，興戮頤於市。豫計不行，復誘興裨將楊偉陰約内應，以謀害興。是日，賊兵徑犯中軍寨，興親迎賊與戰，遂陷重圍中。賊奮擊之，興力戰不勝，墜馬遇害。要録卷五二紹興二年三月二十二日癸丑條引遺史。

四月

〔十八日己卯〕〔吕〕頤浩始開督府，乃因桑仲出師之故。未幾，聞仲死，頤浩遂提行。要録卷五三紹興二年四月十八日己卯條小注引遺史。

〔二十九日庚寅〕張孝純罷相，劉麟秉政。要録卷五三紹興二年四月二十九日庚寅條小注引遺史。

五月

〔三日壬戌〕頤浩以新創置忠鋭十將偕行。要録卷五四紹興二年五月三日壬戌條小注引遺史。

〔是月〕〔劉〕延慶死於亂兵，光世不知其存亡，多以金寶遣人詣僞境尋訪。紹興二年五月，有客人自僞地來，得其父之骸骨，言死狀，皆不可參考。乃云以骨雜甘草把中，故僞境官司不能稽察。或勸光世割皮滴血以驗之，光世不從，以禮安葬，發哀成服。要録卷五三紹興二年閏四月二十八日戊午條小注引遺史。

二年五月，〔朱〕勝非復左宣奉大夫、提舉萬壽觀兼侍讀，尋復觀文殿大學士、知紹興府、兩浙東路安撫使。編年録卷一四建炎四年六月丙戌條引遺史。

六月

六月〔一日〕庚寅朔，武功大夫、貴州團練使、新知復州李宏引兵入潭州，執湖東招撫使馬友殺之。時韓世忠將至長沙，宏遂有殺友之謀。是日，因其詣天慶觀還，襲殺之於市。其將王進、王俊以所部數千人遁去，宏屯潭州。要録卷五五紹興二年六月一日庚寅條據遺史附。

〔七日丙申〕〔張〕浚至興元，閱視〔王〕庶平日之所營爲，毛舉而髮數之，簿書之間不謹奉行宣司指揮若干件。遂改庶知嘉州。要録卷五五紹興二年六月七日丙申條小注引遺史。

〔十二日辛丑〕〔李〕横以六月圍德安。要録卷五五紹興二年六月十二日辛丑條小注引遺史。

〔陳〕規登城，以好語諭之，且申和好，仍送米百斛，横受之。規請退兵，横曰：「襄陽之兵至矣，無可議者。」遂造天橋爲攻具，規竭力捍之。要録卷五五紹興二年六月十二日辛丑條據遺史修。

〔十三日壬寅〕〔孔〕彦舟將行，出左右婦人皆嫁之，送官員入山寺，恐爲行軍所擾。彦舟臨行，對官屬言：「無負朝廷之意，所以反者，蓋疑權邦彦也。」至光州界，棄甲仗器械不勝計〔一〕，乃歸劉豫。要録卷五五紹興二年六月十三日壬寅條小注引遺史。今按，小注中又有「牲之所云『使其舅持書招之』」一句。

初，翟汝文知密州，秦檜爲州學教授，汝文薦其才。及檜爲相，亦薦汝文。汝文除參政，意不少降。與檜不和，嘗交争於殿庭，至言檜乃金人之姦細，必誤國。汝文遂罷去。自後檜專權柄，執政者皆箝口卑躬趨走奉承之不暇。四方之士，乃思汝文之正直。

編年録卷一五紹興二年「六月參知政事翟汝文致仕」條引遺史。今按，據要録卷五五、宋史卷二七高宗紀四，將此條繫在紹興二年六月十三日壬寅下。

校勘記

〔一〕至光州界棄甲仗器械不勝計　「界」原作「畧」，意不通，據會編卷一五一紹興二年七月五日癸亥條叙孔彦舟事改。

七月

七月，時吕頤浩都督班師，勝非自知紹興以同都督江淮荆浙諸軍事召赴行在所。勝非力乞守越，且丐外祠，皆不許。勝非同都督，頤浩薦其才也。會言路論其不知兵，給事中胡安國亦謂非所宜任。上親札諭以用勝非之意，且諭除勝非同都督。蓋謂：「昨逆傅作亂〔二〕，而勝非卒調護於内，使勤王之師得以致力。矧今諸將，皆同功一體之人也，必能爲朕克濟事功。」丁寧雖至，而論者未已。上怒其朋黨，與封駁者俱逐，凡十三人。勝非惶懼即走旁郡，牢辭不就職。勝非嘗曰：「宰相權位已重，若更典兵，文武二柄，盡在其手，豈人臣所堪？後世不幸，姦人居此位，建立功業，托名濟世，將何以處之！」辭至數十，卒不受。兩詔不許，詔曰：「禮義不愆，縱多言而奚恤；君臣無間，於大體以何傷。」上眷之隆，於斯可見矣。編年録卷一四建炎四年六月丙戌條引遺史。

校勘記

〔一〕昨逆傅作亂　原「逆」下有一空格，據會編卷一五一、要録卷五七，所闕乃「傅」字，據補。

八月

〔十八日〕乙巳，德安圍解。要録卷五七紹興二年八月十八日乙巳條據遺史修。

〔二十七日甲寅〕先是，吕頤浩薦朱勝非、綦崇禮、謝克家入朝，往往言秦檜之姦。上亦覺悟。於是，檜結黨欲傾頤浩。一日，上忽遣使於崇禮在翰苑來承詞頭，崇禮奏請詞頭，上召崇禮，親諭之曰：「秦檜言『南人歸南，北人歸北』，朕是北人，將安歸？又言『若使臣爲宰相，可使聳動天下』，今無聞。」崇禮乞御筆付院，上乃索紙寫付崇禮。崇禮退，默省其文，而不覺口諷之曰：「聳動四方之意，朕心已疑；建明二策之間，爾才可見。」遂罷檜相，乃諭朝廷終不復用，仍牓朝堂。上怒未已，臣僚再言檜之罪，遂落職。編年録卷一五紹興二年「八月甲寅秦檜罷右相」條引遺史。今按，此條一些内容，又見要録卷五七紹興二年八月二十七日甲寅條據遺史修。

八月，勝非爲侍讀，孟庾同都督江淮荆浙諸軍事。先除勝非同都督，胡安國繳止之，乃除勝非侍讀，而以孟庾同都督。勝非既入朝，詔特綴宰相班，復自内批云位知樞密使之上，仍日赴都堂議事。勝非雖在經筵，實預國論。初見，上謂：「卿前日責降，非朕意也，卿當能亮之。」存勞優渥，恩寵光一時，然後人知上卒欲相勝非也。編年録卷一四建炎四年六月丙戌條引遺史。

十月

〔十三日庚子〕去年六月，蒙僕射相公差到姪孫淩憲將到蠟彈，即時跪領，後來已將回文去訖。不期於八月中，有一南中秀才詣劉豫陳首蠟彈文字，於九月十五日追取夫淩徽猷前去，勘問其本末，遂高聲毀駡劉豫。至十月十三日，於界首斬了淩徽猷。

〔淩〕唐佐家屬各決脊杖二十，由是田氏暨婢妾五人，各遭重決。唐佐二子，長子已卒，次子方九歲，兩杖而斃。要録卷五九紹興二年十月十三日庚子條小注引遺史。今按，「去年六月」一條引文，爲淩唐佐妻田氏自訴狀文，因要録在此訴狀後有小注云「其狀詞皆與甡之所書合」，故將此段狀詞亦作遺史之文。另，小注中又有：遺史又載劉豫所出犯由云：「直敷文閣淩唐佐。」

是年

二年，檜再薦〔汪〕伯彦知廬州。編年録卷一五紹興元年九月癸丑「李回罷參知政事」條引遺史。今按，此事當在秦檜八月罷相前，因未知確切月日，姑置此。

紹興三年（癸丑　一一三三）

二月

睿思殿祗候李綱者，能謳詞，善小説，主養飛禽。呂頤浩在都堂，聞飛禽數百，其聲如音樂，問之，曰：「鵓鴿也。」詰其所主，曰：「内侍李綱所養，每鴿有金錠錠其足，又有鷹鷂之屬甚衆，皆御前者。」頤浩不樂，明日奏之，詔綱送吏部。應主管飛禽有官人，皆與遠惡州指使，綱遂居于金壇之别業。綱嘗爲劉光世承受，光世以其貧，乃贈之金。頤浩聞之，下大理寺，除名勒停，潯州編管，死貶所。要録卷一〇六紹興六年十月二日丙申條小注引遺史。今按，本條月日據小注「甡之繫此事於紹興三年二月」。

四月

〔六日〕辛卯，起復寧武寧國軍節度使、開府儀同三司、浙西安撫大使兼知鎮江府劉光世爲檢校太傅、江東宣撫使，屯鎮江。時光世與韓世忠更戍，世忠至鎮江城下，而姦細入城焚其府庫。光世擒而鞫之，皆云世忠所遣，於是訴於上。江東統制官王德請於光世曰：「韓公之來，獨與德有隙耳，當身往迎見之。」其下皆不可，或請以騎行，德不聽。入謁，世忠大驚，謂德曰：「公誠烈丈夫，曩者小嫌，各勿介意。」因置酒，結懽而別。要録卷六四紹興三年四月六日辛卯條據遺史修。

〔十五日庚子〕閤門宣贊舍人、御前忠鋭第七將徐文以舟師屯明州，謀爲變，朝廷命神武中軍中部統領官朱師閔以兵二千往襲之。要録卷六四紹興三年四月十五日庚子條據遺史修。

〔二十二日丁未〕僞齊登萊沂密都巡檢使劉忠在懷仁縣爲其部下王林等所殺，傳首行在。詔以林爲修武郎、閤門祇候，充樞密院準備差使。其徒九十三人，授官有差。要録卷六四紹興三年四月二十二日丁未條據遺史附。

〔是月〕先是，四月，朱勝非以母雍國夫人楊氏既祥在告，上賜札云：「卿因母祥祭，追慕毁塞，過傷其氣，朕亦惻然念之。然今乃何時，而卿謁告，使朕憂思廟堂之政，且宜來早扶侍入朝。兼朕別有所欲面道者，非可託於毫楮也。」勝非皇恐入見。編年録卷一五紹興四年「九月庚午朱勝非罷右相」條引遺史。今按，要録卷六四、皇宋中興兩朝聖政卷一三，記載朱勝非以母楊氏憂去位在紹興三年四月二日丁亥，但賜札月日未知，姑將此條置在四月末。

五月

〔十三日丁卯〕上命朱勝非擇副使，勝非言：「故事，當用武臣。時方艱危，不宜專拘舊制。」遂薦〔胡〕松年。要録卷六五紹興三年五月十三日丁卯條小注引遺史。今按，「副使」指大金軍前奉表通問副使。

七月

〔二十二日乙亥〕勝非丁母憂，執喪居廬。上遣使奪哀强起之，三辭不獲，王人踵至。賜詔有曰：「念同心相與而共吾事，惟二三臣闕一不可。卿遠朕躬，如失左右手。」又曰：「朕方興復是圖，蓋一切當用權以有濟。卿既安危所繫，何三年不從政之可言。」勝非辭愈切，及叙本朝典故，屬同列開陳。上曰：「匪卿疇克任者，虚府以待。」又賜親筆詔曰：「卿罹私艱，已踰卒哭之制。且朕待卿爲政，奚翅三秋邪？蓋恩由義斷，情以禮奪，古所然也。況成命已攽，人情胥悦。卿無濡滯，以拂朕心。」勝非得詔，皇恐不敢辭。上命督促甚至，不得已而造朝面陳，皆不許。即乞歸第見賓客衣黎黑紫袍皂鞓帶，從之。雖居外治事，而還家哀毁，盡執喪之禮。編年録卷一五紹興三年「七月癸酉右僕射朱勝非起復」條引遺史。今按，本條月日據要録卷六七、宋史全文卷一八、宋史卷二七高宗紀四補。

九月

〔七日戊午〕初，侍御史辛炳言吕頤浩爲宰相不忠十罪，當時謂可以激敢言之氣。至是，炳爲御史中丞，復言吕頤浩不恭不忠之罪，頤浩遂罷相。炳再言：「伏覩大廷宣制，罷吕頤浩左僕射，以使相領宫祠。制詞優厚，無一字貶黜之意。欲望鐫去將相崇資。」於是，改觀文殿學士，宫祠如故。編年録卷一五紹興三年「九月戊午吕頤浩罷左相」條引遺史。

紹興四年（甲寅　一一三四）

二月

二月〔十一日〕辛卯，吴玠及兀朮戰于仙人關，敗之。初，兀朮欲大舉兵，期必入川。劉豫之弟益方知長安，密使人告玠早爲之備。玠預爲壘關側，號殺金平。要録卷七三紹興四年二月二十一日辛丑條小注引遺史。

〔十四日甲午〕吴玠斬郭震。要録卷七三紹興四年二月二十一日辛丑條小注云：「玠斬郭震，據趙甡之遺史云爾，然甡之繫之甲午。」

三月

〔十二日壬戌〕督府諸將既已分戍，遂併其府廢之，而以其餘兵隸神武右軍都統制張俊。要録卷七四紹興四年三月十二日壬戌條。今按，此條後有小注：「督府之罷，日曆全不書，會要本門亦不載，惟趙甡之遺史略記此事。今因孟庾召還，遂書之，以補史闕。」要録末言孟庾事出自遺史，故此處僅輯録罷督府事。

六月

六月，〔朱勝非〕以雨霪傷農，乞行策免故事，以銷天變。復賜親詔，令勿再有陳。勝非以獨當國事，倚任方隆，雖不敢遽去，而追思母氏，悲痛不能已。復以餘服爲請者，章奏十二上，上乃許之，俟總章禮畢如所乞，且有保全舊臣之訓。至是，祀明堂已畢，陳故事求去，且論當罷者十一事，詔許持餘服。是時，金人與僞齊入寇，議者不能明勝非之心，謂無以應之，遂乞持餘服罷之。編年録卷一五紹興四年「九月庚午朱勝非罷右相」條引遺史。

是月，熒惑犯南斗。要録卷七七紹興四年六月條據遺史修。

七月

紹興四年〔七月二十一日戊辰〕，辛炳爲御史中丞，屢言宰執大臣而罷黜之。〔朱〕

夢說見二聖播遷，上無良相，乃貽書責炳不諫〔一〕。炳袖夢說書奏陳，上不悦。炳請補外，乃知漳州。夢說，嚴州人。紀勝卷八兩浙西路嚴州人物引遺史。今按，辛炳補外知漳州事，亦見要録卷七八引遺史：「炳亦請外補，除知漳州。」辛炳出知漳州月日，要録繫在七月二十一日戊辰，故將此條置此。

校勘記

〔一〕乃貽書責炳不諫　「責」原作「于」，據粤雅堂本改。

九月

〔二十六日壬申〕先是，岳飛軍中有校尉王大節者，蜀人，飛待以爲客。李成退走歸劉豫也，上語飛曰：「如李成歸國，朕當以節度使待之。」飛即遣大節招成歸國。是時，豫方招接江南衣冠，大節遂投劉麟，麟待之甚厚，授承務郎，爲皇子府屬官。麟問征江南之策，大節言：「四川百姓以宣撫司征擾不已，供億重困，思得大齊。以重兵臨關，則人皆嚮應。既得四川，然後發江之舟鼓櫂而下，江南屯戍之兵魂散膽裂矣。」麟曰：「不然。大金有命，會本國之兵趨淮甸、渡長江，直擣吳會。汝以爲如何？」大節曰：「其謀非不善，但恐南兵扼長江未可渡，則我師挫鋭矣。不若攻四川必取之地，以圖萬全。雖若遲而迂，然大功可以必成。」麟不聽。大節既得敵人之情，乃脱身走歸報飛。飛大喜，送大節于行在。上令引見，具以奏聞，且請淮南爲防江之備。授大節承節郎、閤門祗候。至是，僞齊與金果合兵犯淮甸。要録卷八〇紹興四年九月二十六日壬申條小注引遺史。

十月

〔十三日戊子〕世忠以董旼軍於天長，以解元屯於承州，親與呼延通率十餘騎綽路。去大儀鎮十餘里，遇金人鐵騎二百餘。世忠與通方立馬議所以待之，有三四十騎直衝世忠，與戰不利。金人有驍將獨戰世忠，世忠力疲，通自後攻金將，世忠墜馬幾被執，通救止之。世忠復得其馬，回顧金人百餘騎許〔一〕，世忠據坡坂扼其路，以弓箭當之，世忠得還。要録卷八一紹興四年十月十三日戊子條小注引遺史。

〔十五日庚寅〕是日，淮東宣撫司前軍統制解元與金人戰于承州，敗之。初，金人至近郊，元知之，逆料金人翌日食時必至城下，乃伏百人于路要之。又伏百人于城之東北嶽廟下，自引四百人伏于路之一隅。令曰：「金人以高郵無兵，不知我在高郵，必輕易而進。俟金人過，我當先出掩之。伏要路者，見我麾旆，則立幟以待。金人進退無路，必取嶽廟走矣。果然，則伏者出。」衆皆諾。又密使人伏樊良，俟金人過，則決河岸以隔其歸路。食時，金人果徑趨城下，元密數之，有一百五十騎，乃以伏兵出，麾旆以招伏要路者。伏兵皆立幟以待，金人大驚，躊躇無路，遂向嶽廟走。元率兵追之，金人前遇兵，無所施其技，盡被擒。凡得一百四十八人，戰馬、器械皆爲元所得。要録卷八一紹興四年十月十五日庚寅條據遺史修。

〔二十三日戊戌〕金人在淮甸，張俊軍鎮江府，趣渡江出戰，有遲疑未渡之意，朝野驚恐。趙鼎見上，屢請車駕早幸江上，上首肯之。既退，即爲中官沮止。至是，鼎請上親征，且曰：「軍民百姓皆望陛下親征，内中官未肯〔三〕。若陛下一幸江上，則諸軍皆盡力禦敵矣。中官未見陛下親征之利也，臣欲乞陛下發遣近上中官赴都堂，臣具酒醴待之，諭以禍福，然後親征可決。」上從之，遂發左右親近十餘人詣都堂。鼎具酒醴，以宗廟社稷安危之計諭之，且曰：「諸公見上贊成其事，俟退敵回鑾，則共享安逸之福。」衆諾之，議遂定，即命草詔。要録卷八一紹興四年十月二十三日戊戌條小注引遺史。

〔二十四日己亥〕韓世忠奏通之功，乞優異推恩，授武功大夫、吉州刺史。世忠繳其告命再奏，乞重賞通以勸將士，遂落階官。要録卷八一紹興四年十月二十四日己亥條小注引遺史。

校勘記

〔一〕回顧金人百餘騎許　「回」，廣雅本作「四」。

〔二〕内中官未肯　會編卷一六四紹興四年十月二十三日戊戌條作「唯中官未肯」。

十一月

〔十七日〕壬戌，詔諸司見占客船並令日下放還，違者抵罪。張俊之出師也〔一〕，多奪取士民舟船，如被寇盜。要録卷八二紹興四年十一月十七日壬戌條據遺史修。今按，時張俊駐於鎮江，奉命扺禦金、僞齊軍。

校勘記

〔一〕張俊之出師也　「張俊」原作「張浚」，據文津閣本、廣雅本及會編卷一六四紹興四年十月條改。

十二月

〔十二日丙戌〕詔撥吴錫、崔邦弼兩軍付馬擴，〔席〕益不奉詔。要録卷八三紹興四年十二月十二日丙戌條小注引遺史。

〔十九日癸巳〕浙西江東宣撫司統制官張宗顔與敵戰於六合縣。時金人瀕江犯宣化鎮，出没踰月。張俊遣宗顔潛渡江，出金人之背，與戰不勝，詐爲捷書以聞。要録卷八三紹興四年十二月十九日癸巳條據遺史修。

是年

四年，臣僚言其〔汪伯彦〕罪，落職罷之。編年録卷一五紹興元年九月癸丑「李回罷參知政事」條引遺史。

紹興五年(乙卯　一一三五)

正月

〔十三日丁巳〕朝廷以孫奕不當代楊壽亭,黜監徽州酒務。要録卷八四紹興五年正月十三日丁巳條小注引遺史。

六月

〔楊〕欽騆獪狙詐,最桀黠。既授以官,公論皆不與之。欽書出身腳色曰〔一〕:「鍾相、楊么作亂,欽等聚集强壯,保守鄉村,候官軍到鼎州,乃同共破賊有功。」見之者無不大笑。會編卷一六八紹興五年六月條引遺史。

校勘記

〔一〕欽書出身腳色曰　袁本作「欽出身腳色書曰」。

紹興六年（丙辰　一一三六）

二月

〔二十三日辛酉〕是日，韓世忠自淮陽引兵歸楚州。世忠既圍城，敵堅守不下，劉豫遣使如河間，求援于金右副元帥宗弼。先是，金、僞與其守將約，受圍一日，則舉一烽，每日益之。至是，城中舉六烽，劉猊與宗弼皆至。世忠之出師也，請援于江東宣撫使張俊，俊不從，世忠乃還。要録卷九八紹興六年二月十三日辛酉條據遺史修。

〔二十五日癸亥〕趙鼎、張浚俱帶都督諸路軍馬，置司於行在。浚出視師江上，以行府爲名。而鼎居中總政事，表裏相應。然浚所行之事，亦有關三省樞密院者。先是，〔沈〕與求與知樞密院孟庾皆不能平，常曰：「三省樞密院，却乃奉行行府文書邪？」庾已託疾求罷，至是與求復去，乃以簽書樞密院折彦質權參知政事。時督府治兵欲大舉，與求弗與聞。與求曰：「此大事也，豈可身居近輔而獨不與哉！」數上疏求去，故有是除。編年録卷一五紹興六年「二月癸亥沈與求罷參知政事」條引遺史。

八月

〔十二日丁未〕秦檜爲行宫留守，張浚薦之也。初與孟庾皆除留守，而同爲觀文殿學士。庾以先除，欲居檜上，檜曰：「檜嘗爲宰相，公執政耳，檜宜居上。」争久不定，奏取旨，乃以庾爲副。要録卷一〇四紹興六年八月十二日丁未條小注引遺史。

九月

〔十日〕乙亥，韓世忠自楚州來朝，上特燕世忠，令入内内侍省都知黄冕押伴。上督世忠進兵，世忠不從。要録卷一〇五紹興六年九月十日乙亥條據遺史修。

十月

〔四日戊戌〕劉光世軍廬州，聞劉麟入寇，其勢甚熾。密申宰相趙鼎，乞降樞密院指揮，退保太平州。簽書樞密院事折彦質助爲之請，遂檄光世退軍。張浚大怒，遣向子諲等督光世復還廬州。要録卷一〇六紹興六年十月四日戊戌條小注引遺史。

十二月

〔五日戊戌〕是日，京東淮東宣撫處置使韓世忠引兵攻淮陽軍，敗之。要録卷一〇七紹興六年十二月五日戊戌條據遺史修。

劉豫兵馬遁走，張浚獨對，乞乘勝取河南，擒劉豫父子。及言劉光世驕惰不戰，不可爲大帥，請罷之〔一〕。上問：「曾與趙鼎議否？」曰：「未也。」上曰：「可與趙鼎議之〔二〕。」浚見鼎具道其故，鼎曰：「不可，劉豫几上肉耳，然劉豫嘗倚金人爲重輕，不知擒滅劉豫，得河南故地，可保金人不侵入乎〔三〕？如其侵入，何以禦之？且劉光世軍下統制將轄士校多出其門，若無故罷之，恐士卒懼而不安〔四〕。」浚不悦。浚見上，請幸建康，鼎諫未便。遂罷鼎宰相，見以觀文殿大學士知紹興府，安撫浙東〔五〕。會編卷一七〇紹興六年十二月五日戊戌條引遺史。

〔十三日丙午〕〔折〕彦質自紹興六年三月除簽書樞密院事，是月乞罷，詔仍舊職提舉洞霄宫，執政凡九月。劉光世在廬州，乞退軍太平州也，以書騣趙鼎及彦質而得之。

至是，臺諫論列，乃罷彦質簽樞。編年録卷一五紹興六年十二月「丙午折彦質罷簽書樞密院事」條引遺史。

是年

紹興六年，上幸臨安。左正言辛次膺彈樞密使秦檜妻黨王仲薿、王映父仲山嘗投拜虜人，仲薿不當復官，映不當作郡。檜力營救，次膺乃併劾之。時檜議遣使金國請和，辛次膺力言：「國恥未雪，義難講和。」除直祕閣、湖南憲。紀勝卷二兩浙西路臨安府官吏上引遺史。今按，要録卷一一八、皇宋中興兩朝聖政卷二三、續宋中興編年資治通鑑卷四、宋史全文卷二〇，叙此事在紹興八年正月。會編卷一八〇將此事繫在紹興七年十一月條下。現謹據此條有「紹興六年」句繫於紹興六年末。

校勘記

〔一〕請罷之　袁本作「請罷之以勵諸將」。

〔二〕可與趙鼎議之　「可與」，袁本作「不可不與」。

〔三〕不知擒滅劉豫得河南故地可保金人不侵入乎　「不知」，袁本作「則」。「故地」，袁本無。「可保金人不侵入乎」，袁本作「未可保金人不侵入」。

〔四〕恐士卒懼而不安　袁本作「竊恐其士卒自此不安」。

〔五〕見以觀文殿大學士知紹興府安撫浙東　「見」，袁本、文津閣本無，疑是衍字。「安撫浙東」，袁本作「撫浙而下移蹕之詔」，文津閣本無。

紹興七年（丁巳　一一三七）

正月

〔四日丙寅〕王彦爲人好奢喜佞，矯僞不情。要録卷一〇八紹興七年正月四日丙寅條小注引遺史。

三月

〔十六日戊寅〕時，上至建康府駐蹕，〔沈〕與求自同知樞密院事進知院事。編年録卷一五紹興七年「三月戊寅沈與求知樞密院事」條引遺史。

〔十九日辛巳〕以吕頤浩爲留守，而召孟庾回。要録卷一〇九紹興七年三月十九日辛巳條小注引遺史。

〔二十三日乙酉〕陳充字子高〔一〕，有詩名，欣然應其辟。葉夢得與充厚，勸止之，不從。夢得曰：「吕安老非馭將之才，子高詩人，善文章，非國士也。淮西諸軍，方互有紛紛之論。是行也，危矣哉！」亦不聽命〔二〕。夢得贈以詩曰：「解談孫破虜，那厭庾征西。」充留其家，以單騎從軍。後酈瓊之變，幾於不免〔三〕。會編卷一七七紹興七年三月二十三日乙酉條引遺史。

校勘記

〔一〕陳充字子高　關於陳充之名，此段共出現三處，即「陳充字子高」、「葉夢得與充厚」、「充留其家」，前兩處原本作「充」，第三處作「克」。袁本三處作「充」，而明鈔本、文津閣本皆作「克」。按，宋史卷三七〇吕祉傳作「陳充」。要録卷一一一、一一四、一六七叙述與此條相關史實時，皆作「陳克」，宋史全文卷二〇亦作「陳克」。直齋書録解題卷二〇天台集、卷二一赤城詞皆作「陳克子高撰」。他書多作「陳克」。然説文第八篇下云：「充，長也，高也。」正與字子高相應。「充」俗體作「克」，易與「克」相混，故此處統一爲「陳充」。此條「克留其家」改爲「充留其家」，不別出校記。

〔二〕亦不聽命　「命」，明鈔本無。

〔三〕幾於不免　「幾」原作「終」，據明鈔本、袁本、文津閣本改。

六月

六月〔十五日乙巳〕與求卒，賜水銀龍腦以殮，又賜田十頃以恤其家，贈左銀青光禄大夫。與求被遇簡知，歷御史三院，於内外事知無不言，前後論列幾四百奏。其間如收攬主柄，愛惜名器，斥遠邪佞，親近正人，未嘗不反復言之。至於糾官邪，劾贓吏，將帥得失，政事是非，與州縣抑配擾民，獄訟過差，監司郡守選除不當，軍興以來進戰攻守之策，積穀訓兵之要，不可概舉。上以其淹練通達，克己聽納。有奏議三十卷藏于家。編年録卷一五紹興七年「三月戊寅沈與求知樞密院事」條引遺史。本條月日據要録卷一一一、宋史卷二八補。

七月

〔七日丁卯〕上詔〔岳〕飛赴行在，諭遣還軍。要録卷一一二紹興七年七月七日丁卯條小注引遺史。

八月

〔八日戊戌〕〔酈〕瓊遂以所部四萬人渡淮降劉豫。要録卷一一三紹興七年八月八日戊戌條據遺史修。

九月

〔二十一日庚辰〕召劉光世。要録卷一一四紹興七年九月二十二日辛巳條小注：「光世之召，日曆不載，獨趙甡之遺史繫於九月庚辰。」

十月

十月〔七日〕丙申夜，御批：張浚散官，安置嶺表。編年録卷一五紹興七年「九月壬申張浚罷右相」條引遺史。

〔九日〕戊戌，浚責授秘書少監，分司南京，永州居住。時張浚罷相，繼有命落職。

樞密都承旨張宗元素與浚善，因得進用。宗元懼以浚黨見逐，欲示其直氣，明非浚黨，乃表請斬浚，士論惡之。既而中丞周祕等以浚之責未厭公議，乃復論列請貶嶺外。參知政事張守曰：「噫！亦甚矣！」乃啓上曰：「張浚爲陛下捍兩淮，宣力勤勞。前此罷劉光世，以其衆烏合不用命，今其驗矣。群臣從而媒孽其短，臣恐後之繼者以浚爲鑑〔一〕，孰肯身任陛下事乎？且其母老矣，願陛下哀憐之。」上惻然，於是浚以分司居永州。編年録卷一五紹興七年「九月壬申張浚罷右相」條引遺史。今按，會編卷一七九紹興七年十月九日戊戌條亦引之，而闕「十月丙申夜御批張浚散官安置嶺表戊戌浚責授秘書少監分司南京永州居住時」三十三字。自「張浚罷宰相」至「士論恥之」，要録卷一一四亦引遺史，字句有異，且繫之於紹興七年九月二十八日丁亥。另，自「參知政事張守曰」至「願陛下哀憐之」，又見要録卷一一五紹興七年十月九日戊戌條引遺史。

七年〔十月十八日丁未〕，〔秦〕檜再薦，〔汪伯彥〕復資政殿大學士。編年録卷一五紹興元年九月癸丑「李回罷參知政事」條引遺史。今按，本條月日據要録卷一五〇補。

校勘記

〔一〕臣恐後之繼者以浚爲鑑　「之」原作「人」，據會編卷一七九、要録卷一一五引遺史改。

紹興八年（戊午　一一三八）

正月

〔十一日戊戌〕〔張〕守之再入也，張浚在相府，賴守相與贊助非一。浚得罪，守力於上前開陳，未減其罰，辭極深至。因奏：「淮西兵變，宰相被罪去。臣幸得備執政，乃獨幸免，何面目見班列耶〔一〕？乞罷臣參知政事。」不允。求補外，亦不允。至是凡五上章乞去。上知其不可留，乃以舊職遷左朝議大夫知婺州〔二〕。陛辭之日，守復力辭，即請閑，上曰：「卿進退甚得大臣體。」乃命提舉洞霄宫。編年録卷一五紹興八年「正月戊戌張守罷參知政事」條引遺史。

校勘記

〔一〕何面目見班列耶　萬曆本、敬鄉樓本此句後皆有「行狀」二字，按編年録編寫格式，「行狀」之前内容當引之張守行狀。但根據前後文意及語句連接，前部分内容不應是張守行狀内容，且文淵閣本無「行狀」二字。「行狀」二字當是衍字，故删去。

〔二〕乃以舊職遷左朝議大夫知婺州　「左朝議大夫」，要録卷一一八、宋會要輯稿職官七八均作「左通議大夫」。

三月

〔五日庚寅〕先是，劉光世罷軍政，酈瓊背叛，張俊擅棄盱眙還金陵〔一〕，朝廷姑息諸大將，不欲有所興革。以王庶素有威望，故除爲樞密副使。編年録卷一五紹興八年「三月庚寅劉大中參知政事王庶樞密副使」條據小曆兼遺史修。

校勘記

〔一〕張俊擅棄盱眙還金陵　「張俊」原作「張浚」，據會編卷八三、宋史卷三六九張俊傳改。

四月

四月，詔遣庶視師淮上，調諸路兵，預爲防秋計。庶奏辟屬官。上謂宰執曰：「昨王庶辭，朕喻之云：『張浚待諸將以狎昵取侮，吕祉以傲肆取敗，皆可爲戒。』」劉大中曰：「庶到堂亦誦陛下之言，深佩聖訓。」時詔遣王庶按行營壘察州縣弛慢失職者。庶臨發行朝，請犒軍於殿前司都教場，從之。於是，便服坐壇上，自大將三衙而下〔一〕，雖身任使相，悉以戎服，步由轅門，庭趨受命，拜賜而出。軍容嚴整，莫敢仰視，聞者聳然。蓋自多事以來未嘗行此禮也。翌日遂行。岳飛聞庶視師淮上〔二〕，與庶書曰：「今歲若不舉兵，當納節請閑。」庶稱其壯節。編年録卷一五紹興八年「三月庚寅劉大中參知政事王庶樞密副使」條據小曆兼遺史修。

校勘記

〔一〕自大將三衙而下　「三衙」原作「五衛」。續宋中興編年資治通鑑卷四記此事有「自大將三衙以下」，皇朝中興紀事本末卷四四作「自三衙大將而下」。按，宋無「五衛」之名，而有「三衛」、「三衙」之名，根據文意，應指「三衙」，故改。

〔二〕岳飛聞庶視師淮上　「聞」原作「同」，會編卷一八三紹興八年四月十四日己巳條有「岳飛聞庶視師淮上，與庶書曰」句，編年録此句下又有飛「與庶書曰」之語，知岳飛與王庶無同視師事，故改爲「聞」。

六月

六月，有報金人遣烏陵思謀來。時樞密副使王庶視師在淮甸，有旨促庶還朝。編年録卷一五紹興八年「三月庚寅劉大中參知政事王庶樞密副使」條據小曆兼遺史修。

〔十七日辛未〕先是，秦檜、向子諲、范同請與金人講和，魏矼、常同慮其詐和，請善備之。潘良貴主戰。上命侍從官共議。子諲執講和之説〔一〕，良貴大叱之。及〔常〕同奏事，子諲與良貴交争於殿上〔二〕。上知同爲子諲辟客，必附子諲也，故問於同〔三〕。同乃以講和爲非〔四〕，而以良貴爲是，大忤上旨。由是，同及子諲、良貴皆罷，以同知湖州。同字子正，邛州人，父安民，爲侍御史，事哲宗，常言蔡京之罪，被貶，書名元祐姦黨，世多其忠。同以政和八年登進士第，累官知柳州。紹興三年，宰相吕頤浩薦其正直，擢侍御史，爲御史中丞〔五〕。會編卷一八四紹興八年六月十七日辛未條引遺史。今按，從「先是」至「大忤上旨」，要録卷一二〇亦引之，但繫之於紹興八年六月三十日甲申。

校勘記

〔一〕子諲執講和之説　「之説」二字原闕，據明鈔本、袁本、要録卷一二〇補。

〔二〕子諲與良貴交争於殿上　袁本此句後又有「而極言之」四字。
〔三〕故問於同　原本「故」之後衍一「固」字，據袁本删去。
〔四〕同乃以講和爲非　「講」原作「稱」，據明鈔本、袁本及前文改。
〔五〕爲御史中丞　明鈔本作「後爲御史中丞」，似是。

十二月

〔一日癸丑〕劉大中已得宫祠，王庶除知潭州。蕭振言大中不孝、庶沮撓講和事，大中落職，依舊宫祠。劉一止行詞，大中詞曰：「含齒之類，共知篤於愛親。垂髫之童，亦羞稱於不孝。豈有居儀型之重任，爲名教之罪人。」又曰：「亡所生之天屬，視厥父如路人。爨煙不同，寢疾弗問。事皆有狀，聞者寒心。」庶詞曰：「大言惑衆，小智飾奸。既陳立異之辭，旋有壞成之意。儻謂和戎之非策，則雖執義以何慚。乃因知己之莫留，始欲脱身而邀譽〔一〕。第務死黨，不知有君。」會編卷一九〇紹興八年十二月一日癸丑條引遺史。

〔二十八日庚辰〕金人遣張通古來，要上北面拜詔，朝廷議未定。或請列祖宗御容，而置金人詔書於其中拜之。至於紛紛不定者累日。通古索備玉輅迎詔書，百官導從，至是猶未決。秦檜獨主其事，坐於待漏院中，置玉輅於殿門之外，命三省吏服銀緋、服緑，樞密院吏服紫〔二〕、腰金魚赴館，候使人出，則或導或從，使人以爲百官也。日高，通古等始出館，馳馬入殿門。有親事官一人，拽馬羈，虜使藤杖擊其首〔三〕，傷，竟不肯放。通古所持詔，其詞不遜，上皆容忍之，錫賚通古等極厚。要録卷一二四紹興八年十二月二十八日庚辰條引遺史。

校勘記

〔一〕始欲脱身而邀譽　「始」，袁本作「姑」，原卷後校勘記曰：「『始』應作『姑』」。

〔二〕命三省吏服銀緋服緑樞密院吏服紫　「吏」原皆作「使」，據會編卷一八九紹興八年十二月一日癸丑「金人退還河南」條改。「服銀緋服緑」，會編卷一八九作「服緋緑腰銀」。

〔三〕虜使藤杖擊其首　「虜」原作「敵」，據會編卷一八九改。

紹興九年(己未　一一三九)

正月

九年〔正月九日庚寅〕，〔秦〕檜專國，遂復〔汪伯彦〕觀文殿學士、知宣州。編年録卷一五紹興元年九月癸丑「李回罷參知政事」條引遺史。月日據要録卷一二五補。

〔十八日己亥〕秦檜令言者論〔王〕庶、〔劉〕大中之罪，遂再奪職。要録卷一二五紹興九年正月十八日己亥條小注引遺史。

〔是月〕表詞，飛幕屬張節夫之文也。節夫字子亨，河朔人，豪邁尚氣節。秦檜見之切齒〔一〕。會編卷一九二紹興九年正月末條引遺史。今按，「表詞」，爲「湖北京西宣撫使岳飛上表謝赦」詞，會編引遺史時直言「表詞」，可知遺史引用了此表詞。至於引用多寡，不可確知。

校勘記

〔一〕秦檜見之切齒　「見」，袁本作「讀」。原卷後校勘記曰：「『見』應作『讀』」。

二月

〔八日己未〕眷惟苕霅，望最江吴。魯公之名節尚存，謝傅之風流未泯。紀勝卷四兩浙西路安吉州四六引中興遺史朱勝非制。今按，劉一止苕溪集卷三七朱勝非知湖州有此段文字，知遺史所引，乃朱勝非知湖州時制文。檢要録卷一二六，朱勝非出知湖州在紹興九年二月八日己未，據此補入月日。

〔二十一日壬申〕初，趙鼎罷宰相而出知紹興府也，秦檜憾其不赴别筵而去。和議既成，已得三京地，檜謂可報鼎矣。乃以周祕知紹興府，祕與鼎素不協故也。遂移鼎知泉州。編年録卷一五紹興八年十月「甲戌趙鼎罷左相」條引遺史。今按，此條月日據要録卷一二六、宋史全文卷二〇補。

〔是月〕眷長沙之巨屏，居南紀之上游。地控荆湖，勢臨吴楚。永樂大典卷五七七〇「沙」字韻引中興遺史紹興九年二月李綱制。今按，此處所引遺史原文，在會編卷一九三、編年録卷一九、苕溪集卷三八有收録，皆未言出自遺史。疑大典誤注書名，此條並非出自遺史。姑附此。

三月

〔二十七日〕丁未，詔歸德府復爲應天府，平凉府復舊州名，陳、許、潁、壽、曹、延、慶州復舊府名，順州、臨汝、鎮汝、潁順軍復舊縣名，皆僞齊所改也。先是，僞齊建雙廟於應天，以祠陳東、歐陽澈，王倫命毁之。要録卷一二七紹興九年三月二十七日丁未條據遺史附。

六月

〔十四日壬戌〕又拜〔汪伯彦〕檢校少傅、保信軍節度使。致仕，加開府儀同三司。編年録卷一五紹興元年九月癸丑「李回罷參知政事」條引遺史。月日據要録卷一二九補。

〔二十四日壬申〕初，李世輔奔夏國，乃説夏國發兵，可以取陝西五路。夏國主信之，發兵五萬，别差都統與世輔共總兵政，以宰相王樞監其軍，長驅至延安府三十里下寨。世輔以二千騎至城下，問延安府守者姓名，曰趙惟清。世輔曰：「金人不道，殺戮我滿家良賤，今提夏國精兵，爲亡者雪寃。」呼惟清開門，惟清曰：「太尉自與金人爲仇讐，何與於大宋，而欲犯大宋之州府？」世輔問：「延安府今爲誰守？」惟清曰：「大金已割河南三京地界還之大宋，已行赦書到府，官吏軍民拜恩畢，今爲大宋守也。」世輔驚，請罪，遂求手詔，惟清以真本示世輔。世輔曰：「然則世輔以左右數十人入議事。」惟清從之。門啓，世輔入城，見市井間百姓懽笑之聲，乃知割地事審。約以單騎回軍中，併殺夏國頭領南歸朝廷。即復以心腹數十人回軍中，聲言生執到延安府官屬。是夜，王樞具飲于帳中，夏國都統與世輔皆在坐，夏國軍馬悉全裝被甲列寨下。酒三行，世輔命執到延安府官屬入，於是世輔腹心人僞擁數人至帳下，世輔即起掣刀，一手執王樞，一手殺夏國都統。帳下大喧，諸軍皆不知其因，聞風而潰，墮坑填谷死者莫知其數。天曉，世輔招諭，得馬二萬餘匹，遂往延安，謀欲歸朝廷。或謂世輔曰：「太尉威聲著於大金與夏國矣，於大宋則未有大功。當今之計，莫若就馬聚兵，長驅直渡河，乘勢取河北、河東獻於朝廷，則歸之爲有名矣。」世輔心猶豫。聞樓炤宣諭陝西，將及近境，有勸世輔見炤陳叙歸朝之意者，或者曰：「不可，大丈夫不就功名則已，如欲就功名，則一見樓炤宣諭，雖欲渡河不可得已。」亦會炤以書與世輔，遂見炤。炤具揚天子德意，勉世輔速歸朝廷。世輔遂與王樞偕行，留馬在陝西。後欲起綱至行在，而金人敗盟，皆爲金人所有。要録卷一二九紹興九年六月二十四日壬申條小注引遺史。

八月

〔十一日戊午〕初，秦檜在虜中與撻懶相善，檜還朝爲宰相，知撻懶封魯王，檜欲間撻懶使貳，乃令高益恭齎書與撻懶。益恭者，燕人，與檜通心腹，隨檜歸朝，檜授以承信郎。令齎書賀撻懶封魯，勸撻懶就封以治魯地，且己爲南朝宰相以相應。令劉光世差人送益恭至沂州劉冷莊金人寨取投文字〔一〕。光世令漣水軍山寨統領官王勛送益恭至金人寨，得回文，到清河，遇祝友據楚州，差人在清河把隘，遂殺勛。光世以承信郎借補勛之子恪。益恭至祁州投書，爲人所告，金人遂殺撻懶一族良賤八百餘口，而益恭以烹死。會編卷一九七紹興九年八月十一日戊午條引遺史。今按，此條又爲要録卷一三〇所引，但繫之於紹興九年七月一日己卯。

校勘記

〔一〕令劉光世差人送益恭至沂州劉冷莊金人寨取投文字　「劉冷莊」原作「劉令莊」，袁本、文津閣本作「劉冷莊」，要録卷一三〇引遺史亦作「劉冷莊」，宋史卷二八高宗紀五、卷三六九解元傳，名臣碑傳琬琰集上編卷一三韓忠武王碑，宋會要輯稿兵一四之三〇俱作「劉冷莊」，故改。「投」，明鈔本、袁本作「收」。

九月

〔六日癸未〕初，資政殿大學士張守帥江西，以郡縣供億科擾煩重，上疏請蠲積久、損和買、罷和糴，及裁減軍器物料。上欲行之，時秦檜方損度支爲月進，且曰：「虞四方財用之不至也。」覽疏，怒謂人曰：「張帥何損國如是！」守聞之，歎曰：「彼謂損國，乃益國也。」至是，成都闕帥，檜遂擬以守代胡世將。上曰：「張守素弱，豈堪遠道？江西盜賊寧息，人方安之，無庸易也。」檜乃止。要録卷一三二紹興九年九月六日癸未條據遺史修。

〔是月〕河南州縣新復，首命辛永宗爲東京提刑。永宗唯尋訪古器及宣政間宮禁舊物，求覓美女而已。每巡歷州縣，不能傳導德意志慮，而專務苛擾。民有冤抑者，不能赴訴。既去，則人唾駡之。會編卷一九七紹興九年九月條引遺史。今按，此條會編置在九月十五日之前，故置此。要録卷一三二紹興九年十月二十四日辛未條亦提及遺史此條内容，雖字數多於會編，但爲據遺史而修，故從會編。

〔十五日壬辰〕樓炤以樞密之職宣諭三京、陜西。炤倚秦檜之勢，妄自尊大，輕忽士流，尤鄙武臣。陝西諸郡多武臣爲守，炤悉令庭參而退，反請通判幕官接席議事，新復州縣軍民皆駭之。又劉豫與金國之政〔一〕，民有訴事者，執訴牒告官無阻礙。炤所到，民訴牒者〔二〕，每一狀非五千不能達，故不能盡得其民心。炤貪財賄，所至苦厭之〔三〕，由是失軍民之心矣。還朝，無所建明，迎秦檜之意而已。會編卷一九七紹興九年九月十五日壬辰條引遺史。今按，此條亦見要録卷一三一所引，所述稍略，且繫之於紹興九年八月二日己酉。

校勘記

〔一〕又劉豫與金國之政　「政」原作「人」，據明鈔本、袁本、文津閣本改。

〔二〕民訴牒者　明鈔本作「民有訴事者」，前文亦有「民有訴事者」一句，前後對應，明鈔本似是。

〔三〕所至苦厭之　「苦厭」，明鈔本、袁本作「厭苦」，文津閣本作「民苦」。

十月

〔十九日丙寅〕王彦在邵州，就除知鼎州，將行，疾遽作，遂不起，享年五十。詔贈昭化軍承宣使，恩澤六人，仍與一子見闕差遣，照管孤遺。時荆南有彦舊部曲，聞彦死，請於安撫使薛弼，即佛宫迎彦繪像爲位以哭，凡三日。士大夫有意於人材者，莫不爲時嗟惜〔一〕。彦娶劉氏，封碩人，長子世顯，官成忠郎，其次世雄皆未授命〔二〕。彦事親盡孝，撫弟姪盡愛。彦既貴，母太碩人已老，彦喜懼常形於色，晨昏無違，誕日必設樂獻壽，拱手侍側。母素嚴，設飲食必劉氏親庖，起居扶持〔三〕，無須臾離。而彦每以此爲樂。初，彦會議於東京留守司，家屬悉在河内，及到維揚行在所，河北諸將始護致〔四〕。而父武經之喪與其兩兄之孤，猶陷於僞境。在邵陽日，彦僂以金幣，遣人抵河内迎取之。法當任子，先推其姪。疾且革，殆不知人，俄稍悟，召弟姪，悉以財物均給之。其爲將帥也，嚴明紀律，沈勇能斷，而以公行之。每出師，無供帳廚傳，誅茅爲廬，與士卒同器而食。井竈未具，飢渴不敢先戰士〔五〕。士卒有傷痍者，解衣衣之〔六〕，親爲傅藥。或違令犯法，雖故舊立斬之，而撫恤其家。及凱還論功，必自下推，衆以爲當，雖疏逖必居上列，以是人人樂爲盡死。尤長於簡練士伍，不以修飾爲先，而取其輕足鷙果有力者。每破賊大閱，以充軍者蓋十之一。故其所部號天下精兵。舊八字軍既屢摧堅陷陣，而勇夫羨慕，誓不與賊俱生，願刺者至萬數。其在金州，屢破大盜。雖子弟從軍，未嘗霑賞。妻之弟戰没於陣，亦不以爲言。張浚聞之，特官其姪，以勸盡忠於公者。至於尺籍帑庾〔七〕，無毫髮容私。嘗曰：「人臣惟有功於國，然後能享朝廷爵禄，俯仰無所愧怍。若貪冒苟得，適足爲恥。」故兩除留務皆不拜。故事，廉車秩視從列，凡除授即辭免，謂之備禮。彥即直還告命，不爲飾辭。分鎮，時便宜黜陟〔八〕，他鎮例擬借官資，彥於立功將士則上之於宣撫處置使司，以示不敢專。彥喜人盡言，幕客或面陳其短，必斂容悅謝。雅性嫉惡，尤切齒贓吏，曰：「此偷禄蠹民者。」或干以私，則曰：「彥未有寸功以報主恩，方且思革弊事〔九〕，故所未敢。」至與人辨是非，略不少屈己下氣。故議者或譏其黑白太分，疏於涉世。屢蹈危機，瀕於不免。平日剛毅寡合，而待士極能盡禮。此彥爲人之大略也。

會編卷一九八紹興九年十月十九日丙寅條引遺史。

校勘記

〔一〕莫不爲時嗟惜　「時」，原卷後校勘記、袁本作「之」。

〔二〕其次世雄皆未授命　「世雄」，文津閣本作「世官世雄」。「世雄」後有「皆」字，亦不當僅世雄一人。

〔三〕設飲食必劉氏親庖起居扶持　明鈔本作「設飲食起居必劉氏親庖扶持」。

〔四〕及到維揚行在所河北諸將始護致　「到」，明鈔本、袁本作「赴」。袁本此句後有「母」字，似是。

〔五〕飢渴不敢先戰士　「不敢先」，文津閣本作「不飲食」。

〔六〕士卒有傷痍者解衣衣之　「士」字原闕，據明鈔本及文意補。「衣之」，文津閣本作「療之」，似是。

〔七〕至於尺籍帑庾　「尺」原作「天」，據明鈔本、袁本改。

〔八〕時便宜黜陟　明鈔本、袁本作「時得便宜黜陟」，似是。

〔九〕方且思革弊事　「弊事」，原卷後校勘記、明鈔本、袁本作「弊倖」。

十二月

〔十五日辛酉〕〔李〕光與右僕射秦檜議事不合，於上前紛争，且言檜之短，乃引疾求去。罷爲資政殿學士，詔與郡。言者交攻，遂提舉洞霄宫。時右正言陳淵獨不論光，檜疑之。初，李光薦吕廣問于秦檜，檜不答。後廣問因與秦檜致争，檜憾之。光嘗言檜所用皆親黨，略無公道，它日必誤朝廷。一日，光與親戚干檜求差遣，數日未有報。光再見檜，因申前請，且曰：「此人孤寒。」檜大怒，以謂其譏己任用者皆豪富人也。臺官翌日即言光之罪，遂罷參知政事。編年録卷一五紹興九年「十二月辛酉李光罷參知政事」條引遺史。

〔是月〕五年蓬蓽之居，僅終載筆；百世枌榆之讓，猥使分符。既彈貢禹之冠，仍衣買臣之繡。紀勝卷二〇江南東路徽州四六引中興遺史汪藻到任謝表。今按，淳熙新安志卷九牧守載汪藻知徽州到任時間爲紹興九年十二月二十九日。姑將此條置在十二月末。

紹興十年（庚申　一一四〇）

二月

先是，單州碭山縣染户朱從〔一〕，因販棗往南京界劉婆家，得一小兒曰遇僧，以棗博歸養之。有金人之出戍於碭山者，見之曰：「此兒似趙家少帝。」染人不以爲然。稍長，令學雕花板。有京師販猪人張四見之，曰：「此人全似少帝。」遇僧心中暗喜，每看影戲唱詞，私記其宮禁中殿閤下龍鳳之語。會三京路通，有詔尋訪宋宗室〔二〕，令發遣赴行在。遇僧乃自謂是少帝第二子，以告於從，從不敢語，遂告於縣。知縣請監酒石某問之。石某乃石駙馬之親弟也。既見而問之，遇僧言是少帝之弟二子〔三〕，親坐翁翁懷中，翁翁腋下有黑疣子〔四〕，常以手撚之。又略言宮禁中事。問其流落在人間之因，乃曰：少帝使黄院子張全夫妻背其出城，以奔至夏邑縣，遇劉統領留之，取其玉鈎〔五〕。張全夫妻遭難，爲劉統領所殺。後自己遁走，流落歸於染家〔六〕。時劉統領尚在〔七〕，即尋訪而質之。遇僧先謂劉統領曰：「我乃真少帝之子，公之言當與我一同。如或稍異，我當以公累年作過事告於朝廷。」劉統領懼之，且謂經大赦，有不實猶當引赦，遂盡如遇僧言。縣乃信之，聞於知單州葉夏卿，遂津遣赴行在。單、徐間諸邑富人，隨而來三二十人，有朱良翰、朱邦翰者，屢投牋啓，皆稱「殿下」，隨行爲先生。又有劉遇者，爲平日狎客相戲，亦隨行。至泗州，有司法參軍孫守信者，見而疑其不實，白於知州王伯路曰：「皇姪之事，甚有可疑。泗州者，乃江南之門户。若從此而南，州縣必張皇矣〔八〕。莫若厚供而館之，具奏取旨。俟得旨，津遣未晚也。」伯路然其言，具事奏聞，送閤門司。及閤門諸處勘當，淵聖皇帝並無第二子，用金字牌付轉運副使胡昉，令委清彊官就泗州取勘。昉到泗州，對移守信爲司理參軍，委守信勘之，一行人盡攝入獄。市中皆喧言皇姪在獄中，遇夜，獄屋上有火光赤色氣。市人送飲饌入獄中，一行人饜飫，仍有餘及獄中視看之人。守信見人情惶惑，戒推司不得用繃拷，恐致生事，當以智推之。後追到劉婆爲證，獄方具。旨決脊杖二十，刺配瓊州牢城。針筆人執筆不敢下手，既而刺字，極細小〔九〕。杖直李俊執杖不敢決，既而輕拂掠之，皮亦不傷。自此人呼爲趙麻鬍。院虞候鞏士俊送至滁州之日〔一〇〕，偶市中遺火，市人以爲趙麻鬍經行，有火光之異。遇僧經過來安縣，題詩於興國寺曰：「三千里地孤寒客，十七年前富貴家〔一一〕。泛海玉龍驚雪浪，權藏頭角混泥沙。」猶自謂爲真耳。會編卷一九九紹興十年二月條引遺史。

校勘記

〔一〕單州碭山縣染户朱從　「朱從」原作「宋從」，據明鈔本、文津閣本及要録卷一三四改。

〔二〕有詔尋訪宋宗室　明鈔本無「宋」字。

〔三〕遇僧言是少帝之弟二子　「言」字原闕，據明鈔本及文意補。

〔四〕翁翁腋下有黑疣子　「有」，明鈔本、袁本作「有一」，似是。

〔五〕取其玉鈎　「玉鈎」原作「土鈐」，據原卷後校勘記及袁本改。

〔六〕張全夫妻遭難爲劉統領所殺後自己遁走流落歸於染家　「爲劉統領所殺後自己遁走流落歸於染家」十七字，原闕，據原卷後校勘記及袁本補。全句明鈔本作「張全夫妻遭劉統領所殺後己自遁走流落歸於染家」。

〔七〕時劉統領尚在　「時」字原闕，據原卷後校勘記及明鈔本、袁本補。

〔八〕州縣必張皇矣　原作「必州縣張皇矣」，據袁本改。

〔九〕極細小　「極」原作「既」，據明鈔本、袁本改。

〔一〇〕院虞候鞏士俊送至滁州之日　「鞏士俊」，袁本作「鞏俊王浚」，明鈔本、文津閣本作「鞏俊王俊」。

〔一一〕十七年前富貴家　「十七」，明鈔本、袁本、李日華六研齋筆記二筆卷四作「七八」，文津閣本作「七十」。

五月

〔十一日甲申〕金人犯東京。要録卷一三五紹興十年五月十三日丙戌條小注：「敵犯東京，趙甡之遺史在十一日。」

〔十六日己丑〕金人入西京。要録卷一三五紹興十年五月十六日己丑條小注：「趙甡之遺史載金人入西京在此月己丑。」今按，「西京」原作「兩京」，據前後文意改。

〔十七日庚寅〕劉光遠還〔順昌〕，言敵已入汴京。要録卷一三五紹興十年五月十七日庚寅條小注引遺史。

六月

〔三日丙午〕金人叛盟〔一〕，〔馮〕檝見秦檜曰：「金人欲舉兵南寇〔二〕，公踈于用兵，宜早召張浚，以督諸將。」檜曰「善。公當來早上殿薦之。」次日，檝上殿奏曰：「金人南來，朝廷未有應之之策，惟疾召張浚都督諸軍爾。」上久知張浚敗事，乃曰：「朕雖亡國，不復見張浚。」檝大沮，乃乞宮祠，遂罷去。先是，僧圜浄者寓居王繼先後圃中，禪學甚高，檝逕謁之，談禪移時，繼先欣然欲見之〔三〕，檝不交一談。繼先方憑恃恩寵，勢焰熏灼，遂大慚，逐其僧而譖之〔四〕。要録卷一三六紹興十年六月三日丙午條小注引遺史。

校勘記

〔一〕金人叛盟　「叛」，文津閣本作「渝」。

〔二〕金人欲舉兵南寇　「南寇」原作「南下」，據會編卷二〇〇紹興十年三月二十五日戊戌條改。

〔三〕繼先欣然欲見之　「欣然」原作「欣欣然」，據文津閣本、廣雅本及會編卷二〇〇删一「欣」字。

〔四〕遂大慚逐其僧而譖之　「遂」原作「譖」、「譖」原作「遂」，據文津閣本、廣雅本及會編卷二〇〇改。

閏六月

〔十二日甲申〕田晟及金人戰于涇州，敗績。將戰，晟命軍中卷旗而出，衆怪之，陣未合而遁。要録卷一三六紹興十年閏六月十二日甲申條小注引遺史。

〔二十五日丁酉〕〔趙〕鼎聞金人敗盟用兵，乃上書言時事。秦檜忌鼎復用，乃令御史中丞王次翁誣以罪。十年閏六月〔一〕，遂責授興化軍居住。秦檜之憾鼎也，其始也，鼎罷宰相出知紹興府，檜具筵餞于浙江亭，鼎不留而登舟。其終也，以鼎上書言時政，故其憾不可釋矣。編年録卷一五紹興八年十月「甲戌趙鼎罷左相」條引遺史。月日據要録卷一三六、宋史全文卷二〇、宋史卷二九高宗紀六補。

校勘記

〔一〕十年閏六月　原闕「閏」字，據要録卷一三六、宋史全文卷二〇、宋史卷二九高宗紀六及編年録前文補。

七月

〔五日丙午〕〔王〕次翁爲御史中丞，迎合秦檜之意，上章言趙鼎，責邵武軍，再移潮州，故得爲參知政事。編年録卷一五紹興十年「七月丙午王次翁參知政事」條引遺史。

〔十四日乙卯〕湖北京西宣撫司都統制王貴、統制官姚政及金人戰於潁昌府，敗之。

初，岳飛以重兵駐潁昌，欲爲久駐之計。會張俊自亳州南歸，金人謀知飛孤軍無援，於是併兵以禦飛。飛不能支，告急於淮北宣撫判官劉錡。錡遣統制雷仲出兵牽制，抵至太康縣。是役也，飛將官楊再興、王蘭、高林皆戰死。獲再興之屍，焚之，得箭鏃二升。會天大雨，溪澗皆溢，敵騎不得前，官軍乃退。要録卷一三七紹興十年七月十四日乙卯條「以趙甡之遺史、岳侯傳、淮西從軍記參修」。

十二月

韓世忠晚年好遊宴，常赴諸統制之請，莫不以妻女勸酒，世忠必酣醉而後歸。唯呼延通忿忿有不平之意，雖備禮邀世忠至私宅，然未嘗輒離左右。一日，世忠與水軍統制郭宗儀會於通家，世忠略寢，通以手捉世忠之佩刀，宗儀適見之，搦通之手而呼曰：「統制不可！」世忠覺而大驚，急馳馬奔歸，而令擒呼延通。既至，世忠數其罪，責爲崔德明軍中自效。德明戍淮陰，故通在淮陰。世忠以十二月二十三日誕生，是日，諸軍獻壽者甚盛，世忠臨廳事坐而受之。及通獻壽香〔一〕，世忠見通，即走入府第不出。通伏於地，滴淚成泓。衆勸促通，通乃起身而去，出門上馬，奔還淮陰。德明獻壽回，數通不合擅離軍之罪〔二〕，決數十下。通怏怏，投運河。運河水深，急救之，出水已不甦。倒控其水，以身着毛衫領窄，水脹束其頸〔三〕，水不得出而死。人皆惜之，世忠後亦深自悔恨。

會編卷二〇四紹興十年十二月條引遺史。

校勘記

〔一〕及通獻壽香　明鈔本作「最後通獻壽香」，袁本作「最後通獻壽酒」。

〔二〕數通不合擅離軍之罪　「擅離軍」，原卷後校勘記、明鈔本、袁本作「擅自離軍」，似是。

〔三〕水脹束其頸　「脹」原作「漲」，據明鈔本、袁本、文津閣本改。

紹興十一年（辛酉　一一四一）

正月

〔二十七日〕丁卯，〔劉〕錡結陣徐行，號令諸軍，占擇地利，共趨東關，依水據山，以遏金人之衝。自金人渡淮，淮南之人皆避過。江南之人爲遷徙之計〔一〕，惟視錡兵以爲安危。錡既得東關之險，稍休士卒，兵力復振。金人大兵據廬州，雖時遣兵入無爲軍、和州境内剽掠，而不敢舉兵逼江者，蓋懼錡之乘其後也。江南由是少安。要録卷一三九紹興十一年正月二十七日丁卯條「以淮西從軍記及趙甡之遺史參修」。今按，此條亦見中興戰功録。

是月，楊沂中以兵三萬出征。要録卷一三九紹興十一年正月二十九日己巳條小注引遺史。

校勘記

〔一〕淮南之人皆避過江南之人爲遷徙之計　中興戰功録作「淮南之人皆避過江南江南之人亦爲遷徙之計」，意勝。

二月

二月〔十日〕己卯，王德渡江入和州。要録卷一三九紹興十一年二月四日癸酉條小注引遺史。

〔十八日丁亥〕兀朮以鐵騎十餘萬夾道而陳。要録卷一三九紹興十一年二月十八日丁亥條小注引遺史。

張俊之愛妾章氏，即杭妓張穠也，頗知書。柘皋之役，俊貽書囑以家事，章答書引霍去病、趙雲不問家事爲言，令勉報國〔一〕。俊以其書進，上大喜，親書獎諭賜之。要録卷一三九紹興十一年二月十八日丁亥條小注引遺史。今按，要録小注中又有：「牲之又云：『章氏加封雍國夫人。』」

校勘記

〔一〕令勉報國　文津閣本、皇宋中興兩朝聖政卷二七、宋史全文卷二一作「令勉思報國」，似是。

三月

〔八日丁未〕〔王〕進被執。要録卷一三九紹興十一年三月八日丁未條小注引遺史。

〔十二日〕辛亥，韓世忠與金人戰於淮岸。夜遣游奕軍統制劉寶率舟師泝流〔一〕，欲劫金人於濠州。金人覺之，先遣人於下流赤龍洲伐木，以扼其歸。有自岸呼曰：「赤龍洲水淺可涉，大金已遣人伐木，欲塞河扼舟舡，請宣撫速歸！我趙榮也。」諸軍聞之，皆以其言有理，世忠亦命速歸〔二〕，而金人以鐵騎追至，沿淮岸且射且行，於是矢着舟如蝟毛。至赤龍洲，金人果伐木，漸運至淮岸，未及扼淮，而舟師已去。金人復歸黄連埠。要録卷一三九紹興十一年三月十二日辛亥條據遺史附。

校勘記

〔一〕夜遣游奕軍統制劉寶率舟師泝流　「劉寶」原作「劉實」，據文津閣本、廣雅本改。

〔二〕世忠亦命速歸　「歸」原作「追」，據文津閣本及文意改。

四月

〔十一日己卯〕虜之寇淮西也，參知政事孫近請召知福州張浚都督諸軍〔一〕。秦檜素忌浚，聞近言，大惡之。至是，中丞何鑄言近之過。近引疾乞罷，遂除職奉祠。編年録卷一六紹興十一年「四月己卯孫近罷參知政事」條引遺史。

〔二十四日壬辰〕初，給事中范同獻計於秦檜曰：「諸將久握重兵難制，當以三大帥皆除樞密使副，罷其兵。」檜喜，遂奏其事，上從之。世忠、〔張〕俊皆除樞密使，賜俊玉帶。〔岳〕飛樞密副使。世忠既拜，乃製一字巾，入都堂則裹之，出入以親兵自衛〔二〕，檜頗不喜。飛披襟作雍容之狀，檜亦忌之。惟俊從其自然，故檜不深致疑。編年録卷一六紹興十一年四月「壬辰韓世忠張俊並樞密使、岳飛樞密副使」條引遺史。

十一年四月，〔汪〕伯彦卒于衢州〔三〕，贈少師，謚忠定。上念河北之舊，賜其家銀絹一千疋兩，添差其親戚二人差遣。編年録卷一五紹興元年九月癸丑「李回罷參知政事」條引遺史。

校勘記

〔一〕參知政事孫近請召知福州張浚都督諸軍　「參知政事」上原有一「除」字，義不可通，當是衍文，據要録卷一四〇删去。

〔二〕出入以親兵自衛　「入」，會編卷一〇六、要録卷一四〇、皇宋中興兩朝聖政卷二七作「則」。上文有「入都堂則裹之」，與此相應，「則」似是。

〔三〕汪伯彦卒于衢州　按，皇朝中興紀事本末卷五六言「汪伯彦卒于饒州」。要録卷一四〇提及汪伯彦死後，朝廷「官其親屬二人於饒州」。「饒州」似是。

五月

五月，韓世忠以錢一百萬貫，米九十萬石，鎮江、淮東諸酒庫，俱獻於朝廷。是月，張俊、岳飛往淮東撫定韓世忠之兵。更軍制之初，諸軍未悉朝廷之意，將士不安，已命張俊、岳飛拊循之。俊與飛既到楚州，飛點兵簿，方知世忠止有三萬餘人，乃在楚州十餘年，金人不敢犯，猶有餘力以侵山東，可謂奇特之士也。後命遷楚州軍馬錢糧於鎮江府。初，岳飛與張俊同至楚州撫諭韓世忠軍，飛與俊議事不協，歸至行在，飛請獨留，不復掌兵，其寮屬皆乞宮祠而去，俊獨再出沿江視師。編年録卷一六紹興十一年四月「壬辰韓世忠張俊並樞密使、岳飛樞密副使」條引遺史。

六月

十一年六月「十六日癸未」，加〔葉夢得〕觀文殿學士。先是，和州之役，張俊猶遲之未有渡江之意〔一〕，知建康府兼行宮留守葉夢得力促其行，於是大軍欣躍。俊見軍情勇於出戰，乃令進發。王德遂先取和州，次有柘臯之勝，皆夢得啓之也。上嘉夢得之忠，乃加觀文殿學士，實爲異恩。編年録卷一四建炎三年二月己巳「葉夢得尚書左丞」條引遺史。月日據會編卷二〇六、要録卷一四〇補。

校勘記

〔一〕張俊猶遲之未有渡江之意　「俊」，此條原皆作「浚」，據會編卷一〇五紹興十一年二月十日己卯條及宋史卷四四五葉夢得傳改。

七月

七月〔二日〕戊戌，左僕射秦檜上徽宗實録，尋加檜少保，封冀國公。初，有詔史館修徽宗實録，右僕射秦檜兼提舉實録院。其修撰檢討官，令檜辟差。於是以禮部侍郎范同爲修撰，禮部員外郎劉昉爲檢討。至是，書纔成六十卷，左僕射秦檜等上之，尋加檜少保。制詞有曰：「起傅巖而作霖雨，雖伊吕之佐無以加；約魯史而修春秋，彼遷固而下不足道。」議者服其工。編年録卷一六紹興十一年「六月己亥秦檜左僕射」條引遺史。

七月〔三日〕己亥，張俊加太傅、廣國公。是時，俊以樞密使視師在鎮江、建康。編年録卷一六紹興十一年四月「壬辰韓世忠張俊並樞密使、岳飛樞密副使」條引遺史。

〔四日庚子〕〔范〕同以大將久握重兵難制，宜並除樞密，罷其兵，獻議於秦檜，檜用之。至是，乃除同參知政事。編年録卷一六紹興十一年「七月庚子范同參知政事」條引遺史。

八月

今年七月初，俊、飛自楚州俱還，而本月俊再出使，飛不行。要録卷一四一紹興十一年八月九日甲戌條小注引遺史。

九月

〔八日癸卯〕張憲以軍前統制爲提舉一行事務，得岳飛之子雲書，遂欲劫諸軍爲亂。且曰：「率諸軍徑赴行在，乞岳少保復統軍。」或曰：「不若渡江往京西，朝廷必遣岳少保來撫諭。得岳少保復統軍，則無事。」語漸漏露，百姓皆晝夜不安，官司亦無所措置，惟憂懼而已。都統制王貴赴鎮江府詣樞密行府稟議，方回到鄂州，前軍副統制王俊以其事告之，貴大驚。諸統制入謁貴，貴遂就執憲送於行府。張俊令就行府取勘，獄成，送大理寺。俊，濟南人，范瓊領兵在京東，俊爲劊子。要録卷一四一紹興十一年九月八日癸卯條小注引遺史。

十月

〔二十八日癸巳〕世忠自是年四月除樞密使，至十月罷，在樞府半年。太保、樞密使韓世忠乞罷，以爲太傅、醴泉觀使。其兄世良主管步軍，亦罷爲醴泉觀，仍加奉國軍承宣使。世忠自此杜門謝客，絶口不論兵。時跨驢攜酒，從一二童奴，游西湖以自樂。平時將佐罕得見其面云。臣僚累言韓世忠之罪，上留章不出。世忠亦忌秦檜陰謀而請罷，遂有是命。編年録卷一六紹興十一年「十月癸巳韓世忠罷樞密使」條引遺史。今按，此段所云，諸書多有記述。要録卷一四二、宋史全文卷二一、皇宋中興兩朝聖政卷二七，將「言者因奏其罪上留章不出」至「遂有是命」置在「世忠自此杜門謝客」前，而無「世忠自是」至「仍加奉國軍承宣使」一段。要録在小注中提到了中興小曆，而不提遺史。若遺史引有此段文字，以要録體例，當會提到。疑此段内容並非出自遺史，編年録誤標書名。

十二月

〔三日丁卯〕〔劉〕洪道，山東人，岳飛辟洪道爲參謀。飛死，洪道責柳州，卒。紀勝卷一一二廣南西路柳州官吏引遺史。今按，月日據要録卷一四三、宋史卷二九高宗紀六補。另，劉洪道責柳州在岳飛死之前，疑此條記載有誤。

〔二十九日癸巳〕先是，飛自郾城回軍也[一]，在一寺中與王貴、張憲、董先、王俊夜坐，移時不語，忽作聲曰：「天下事竟如何？」衆皆不敢應。憲徐言曰：「在相公處置耳。」既退，俊握先及貴手曰：「太尉，太尉，適來聞相公之言及張太尉之對否？」先與貴曰：「然。」及俊告飛使子雲通軍事，因言鄜城路中之語〔二〕，追先赴行在。時雲與憲已伏誅矣。秦檜語先曰：「止有一句言語要爾爲證，證了，只今日便可出〔三〕。」仍差大理官二人送先赴大理寺，並命證畢，就今日摘出。繇是，先下大理寺，對吏即伏。吏問飛，飛猶不伏。獄吏稍侵之，飛感動，仰天者移時，索筆著押。癸巳，飛死于獄中，梟其首。市人聞之，悽愴有墮淚者。初，獄成，丞李若樸、何彦猷謂飛罪當徒二年，白于卿周三畏，三畏遂白于中丞万俟卨，卨不應。三畏曰：「當依法。三畏豈惜大理卿耶！」有王輔者，投書于秦檜，具言飛反狀已明。檜以書付獄，卨卒致飛于死。既而，卨彈若樸，以其兄若虛昔爲幕中參議，故欲黨庇之耳，彦猷傅會若樸〔四〕。由是二人皆罷。要録卷一四三紹興十一年十二月二十九日癸巳條小注引遺史。今按，從「秦檜語先」至「對吏即伏」，又見金佗稡編卷二四籲天辨誣卷四引遺史，字句有異。從「初獄成」至「二人皆罷」，又見編年録卷一六紹興十一年「八月甲戌岳飛罷樞密副使」條引遺史，有字句差異。其中，「李若樸何彦猷謂飛罪當徒二年」一句，又見要録卷一四四紹興十二年正月十四日戊申條引遺史，但作「何彦猷李若樸謂飛罪當徒二年」。

校勘記

〔一〕飛自郾城回軍也　「郾城」原作「襄城」，據後文「因言郾城路中之語」改。

〔二〕及俊告飛使子雲通軍事因言郾城路中之語　「城」原作「地」，文津閣本作「城」，要録本卷下文有「郾城路中」一句，故改。

〔三〕要爾爲證證了只今日便可出　原闕一「證」字，據會編卷二〇七紹興十一年十二月二十九日癸巳條補入。「今日」原作「今月」，據會編卷二〇七改。

〔四〕彦猷傅會若樸　「傅」原作「傳」，據文津閣本及文意改。

紹興十二年（壬戌　一一四二）

正月

〔十四日〕戊申，御史中丞万俟卨、大理卿周三畏同班入對，以鞫岳飛獄畢故也。尚書省乞以飛獄案，令刑部鏤板，徧牒諸路。有進士智浹者，汾州人，知書，通春秋左氏傳，好直言，飛以賓客待之。飛死，浹上書訟飛之冤。浹坐決杖，送袁州編管云。要錄卷一四四紹興十二年正月十四日戊申條據遺史修。今按，「浹上書訟飛之冤」原作「飛初下吏，浹上書訟其冤。秦檜怒，併送大理。獄成」，據小注改回。

十二年正月，秦檜令臣僚言孫近之罪，遂落資政殿學士職。編年録卷一六紹興十一年「四月己卯孫近罷參知政事」條引遺史。

十二年正月，張俊出視師，回到行在，力辭本兵，章凡四上。上遣内侍數留益確，俊乃復視事。編年録卷一六紹興十二年「十一月癸巳張俊罷樞密使」條引遺史。

二月

二月，秦檜令臣僚誣告孫近交結趙士㒟之罪，責授左朝散官、秘書少監，分司南京，濠州居住〔一〕。編年録卷一六紹興十一年「四月己卯孫近罷參知政事」條引遺史。

校勘記

〔一〕二月秦檜令臣僚誣告孫近交結趙士㒟之罪責授左朝散官秘書少監分司南京居住　宋會要輯稿職官四六載：「十二年正月二十九日，詔孫近責授左朝散郎、秘書少監分司南京，漳州居住。」要録卷一四四所記與會要略同。據此，「二月」當爲「正月」之誤，「左朝散官」當爲「左朝散郎」之誤，「濠州」當爲「漳州」之誤。

六月

〔十日辛未〕初，〔王〕庶離行朝，皆不見賓客。至蕪湖，請知縣方某袒衣相見，委以買田宅。議者謂庶平日豪邁，一旦議論不合而去，未宜求田問宅也〔一〕。要録卷一四五紹興十二年六月十日辛未條小注引遺史。

十二年六月〔十日辛未〕，王庶責授嚮德軍節度副使，道州安置。庶落職居于江州，秦檜猶怒其異己，不附和議，令臣僚言其在江州占百姓田宅，故責授焉。編年録卷一五紹興八年「十一月甲申孫近參知政事」條引遺史。今按，月日據要録卷一四五、宋史全文卷二一、宋史卷三〇高宗紀七補。此事又見紀勝卷五八道州官吏引遺史，但較爲簡略。

〔十八日己卯〕金人所遣扈從使者七十〔二〕，皆各有名色。要録卷一四五紹興十二年六月十八日己卯條小注引遺史。

校勘記

〔一〕未宜求田問宅也　「宅」，文津閣本作「舍」，會編卷一九二叙此事亦作「舍」，似是。

〔二〕金人所遣扈從使者七十　「金人」原作「今人」，據文津閣本、廣雅本改。

九月

〔六日乙未〕先是，迎護梓宫當差大臣，而左僕射秦檜辭不行，乃召少保、判紹興府孟忠厚爲迎梓宮禮儀使，以參知政事王次翁爲迎太母禮儀使，並往楚州迎接。是月，忠厚遂拜樞密使。秦檜欲去張俊樞密之任，乃除孟忠厚樞密使，且外示寵於戚里矣。編年録卷一六紹興十二年「九月乙未孟忠厚樞密使」條引遺史。

十一月

〔五日癸巳〕〔江〕邈言：「俊據清河坊以應讖兆，占承天寺以爲宅基。大男楊存中握兵于行在，小男田師中擁兵于上流。他日變生，禍不可測。」要録卷一四七紹興十二年十一月五日癸巳條據遺史修。

俊爲樞密使，固其位而無請去意，秦檜欲去之，乃令侍御史江邈言其罪。上曰：「張俊有策立復辟之功，非有謀反之事，皆不可言。」於是，檜乃以孟忠厚爲樞密使，俊素與忠厚不協，遂請罷去。編年録卷一六紹興十二年「十一月癸巳張俊罷樞密使」條引遺史。

俊自紹興十一年四月除樞密使，至是年十一月罷，位樞府一年半。初，太師、左僕射秦檜與太傅、樞密使張俊同主和議，約盡罷諸將，獨以兵權歸俊，故俊力助其謀。及諸將已罷，而侍御史江邈言俊之過，於是俊求去位。癸巳，罷爲醴泉觀使，復還三鎮舊節、清河郡王。編年録卷一六紹興十二年「十一月癸巳張俊罷樞密使」條引遺史。

〔十三日辛丑〕劉光世以萬壽觀使免奉朝請，居於温州。太后還宫，大臣俱入賀，光世已病九月，扶病赴闕，上宣醫療治。光世病篤，乞致仕，進太傅。辛丑，薨於臨安之賜第，年五十四。上聞之震悼，輟視朝，贈太師，賻銀二千兩，絹二千匹，賜龍腦水銀以殮，敕内侍李存約護其喪事。上親臨奠，增子孫之秩，官其親族未命者八人。光世妻向氏就請曰：「光世遺言，姪祖禮曾獲文解，可以爲文官，乞改文官。」上許之。會編卷二一二紹興十二年十一月十三日辛丑條引遺史。

〔二十二日庚戌〕先是，侍御史江邈屢言樞密使張俊之罪，蓋秦檜之意也。事皆不行，檜乃除孟忠厚爲樞密使。忠厚與俊素不協，故知其不兩立也。於是，俊果乞罷去。俊既罷，則忠厚可去矣，遂加少傅，除建康府兼江東安撫制置大使。忠厚爲樞密使，本在於去俊也。編年録卷一六紹興十二年十一月「孟忠厚罷樞密使」條引遺史。今按，此條月日據要録卷一四七、皇朝中興紀事本末卷三〇、宋史卷三〇高宗紀七補。

紹興十三年（癸亥　一一四三）

正月

〔三十日戊午〕〔畢〕良史初補文學，既得三京地，東京留守司俾權知東明縣。良史乃搜求京城亂後遺棄古器、書畫，買而藏之。會金人敗盟，良史無所用心，乃教學講春秋。及復得還，遂盡載所有骨董而至行在。上大喜，於是以解春秋改京秩。自此，人號良史爲「畢骨董」。要録卷一四八紹興十三年正月三十日戊午條小注引遺史。今按，此條又見宋史全文卷二一引遺史。

六月

紹興十三年〔六月十九日甲辰〕，劉紹先除知欽州，未行，見秦檜，上兵策。檜大不樂，責廉州。紀勝卷一二〇廣南西路廉州官吏引遺史。今按，本條月日據要録卷一四九補。

紹興十四年(甲子　一一四四)

二月

〔二十五日丙午〕〔万俟〕卨爲參知政事二年，噤嘿奉秦檜而已。檜厭之，令御史中丞李文會言其罪。卨白檜，乞上殿留身，略辨其事。檜疑其背己，遂以宮祠罷之。編年録卷一六紹興十四年「二月丙午万俟卨罷參知政事」條引遺史。

卨以宮祠罷參政也，卨之姪與王會有語言相争，會後譖于秦檜，檜再令李文會言其罪，遂送歸州居住。編年録卷一六紹興十四年「二月丙午万俟卨罷參知政事」條引遺史。

四月

今年四月〔十三日甲午〕，命州縣刷遣前後歸明人發還金國。要録卷一五一紹興十四年四月十三日甲午條小注引遺史。

十一月

〔二十六日〕癸酉，御史中丞楊愿言：「建寧軍節度副使、藤州安置李光，負傾險之資，挾縱横之辨，諂附蔡京，竊位省郎，人倫墮壞，廉耻不聞。方時用兵，迎合干進；及修鄰好，陽爲應和，以得執政。聞藍公佐之歸，則又狂悖爲必去之計。去國之日，出險語以激將臣之怒；聞軍之興，鼓愚俗以幸非常之變。人臣如此，國何賴焉。比年以來，猶令子弟親戚往來吴越教人上書，必欲動摇國論而後已。若非明正其罪，恐海内之患有不勝言。」先是，知藤州周某者，誘光倡和，其間言及秦檜和議，有諷刺者，積得數篇，密獻于檜。檜怒，令言者論之。要録卷一五二紹興十四年十一月二十六日癸酉條據遺史修。

是年

十四年，復〔孫近〕左朝請大夫，提舉江州太平觀，興化軍居住。編年録卷一六紹興十一年「四月己卯孫近罷參知政事」條引遺史。

紹興十五年（乙丑　一一四五）

四月

紹興十五年〔四月十五日庚寅〕，〔邵〕隆知商州幾十年，值和議已定，割商州爲外境，隆不悦，常密遣兵盜馬以擾之。金人報于秦檜，檜心恨憤，以隆知叙州，一年，至是因飲酒暴卒，或云檜使人酖殺之矣。紀勝卷一六三潼川府路叙州官吏引遺史。今按，原無月日，據要録卷一五三、宋史全文卷二一補。

六月

十五年六月，賜檜甲第一區。編年録卷一六紹興十二年九月「乙巳少保左僕射秦檜加太師」條引遺史。今按，賜秦檜甲第事，要録卷一五三、宋史全文卷二一皆繫在紹興十五年四月一日丙子，宋史卷四七三秦檜傳置在四月，疑編年録有誤。因編年録繫在下一條三日丁丑之前，故置此。

〔三日〕丁丑，幸檜第。編年録卷一六紹興十二年九月「乙巳少保左僕射秦檜加太師」條引遺史。

十月

紹興十五年〔十月二十二日甲午〕，初，趙鼎爲相，屢薦〔折〕彦質。秦檜以彦質爲鼎所引，郴州安置。紀勝卷五七荆湖南路郴州官吏引遺史。今按，原無月日，據要録卷一五四、宋史全文卷二一補。

紹興十六年（丙寅　一一四六）

八月

紹興十六年八月，張浚連州居住。臣寮上言，張浚居潭州〔一〕，曾議論講和爲非，故有是謫。後移永州。丙子，丁母夫人憂，扶護還蜀。襄事十日，依舊謫永州。紀勝卷九二廣南東路連州官吏引遺史。今按，張浚連州居住，要録卷一五五、宋史全文卷二一、宋史卷三〇皆繫在紹興十六年七月五日壬申。

校勘記

〔一〕張浚居潭州　「居」原作「君」，據粤雅堂本改。

紹興十七年（丁卯　一一四七）

正月

〔二十八日壬辰〕秦檜凡薦用人，莫不有説。林大鼐言生節死節事：李若谷之弟若水盡死節於京師圍城之際，而用若谷爲參政，可謂厚於死節之家矣。然則用生節而位三公，則秦檜不爲叨忝可知矣。編年録卷一六紹興十七年「正月壬辰李若谷參知政事」條引遺史。

三月

〔二十二日〕乙酉，太師、尚書左僕射、魏國公秦檜以郊恩徙封益國公。自是，建旆封國之在北者皆改命。時有乞置益國公官屬者，檜雖不行，亦不加罪焉。要録卷一五六紹興十七年三月二十二日乙酉條據遺史修。今按，前一句編年録卷一六紹興十二年九月「乙巳少保左僕射秦檜加太師」條亦引遺史，但作「十七年，以郊祀恩改封益國公」。

八月

紹興十七年八月，趙鼎安置在海外者凡數年，秦檜降朝旨，令吉陽軍月具鼎存亡申尚書省。鼎遣人呼其一子至，委之曰：「檜必欲我死也。我若不死，必當誅及一家，死則汝曹無患矣。」付以後事，不食而死，年六十三。紀勝卷一二七廣南西路吉陽軍官吏引遺史。今按，此條又爲方輿勝覽卷四三海外四州吉陽軍名宦所引。

紹興十八年（戊辰　一一四八）

二月

〔六日乙未〕殿中侍御史余堯弼、右正言巫伋論參知政事段拂天資陰邪，何以躐居政府。時趙鼎死於海外，段拂因而嘆息。秦檜聞之怒，令臣僚言其罪。遂罷爲資政殿學士，提舉江州太平興國宮。編年録卷一六紹興十八年「正月乙未段拂罷參知政事」條引遺史。

今按，此條内容編年録在「正月乙未」下，但此年正月庚申朔，是月無乙未日。檢要録卷一五七、宋史卷三〇、宋會要輯稿職官七八所記，段拂罷參知政事在二月六日乙未，故將此條置在二月乙未下。

五月

〔二十六日癸未〕李顯忠聞其妻周氏在黄龍府作繡工，遣三人往取之，共許金千兩，各人奏補承信郎。三人果至黄龍府，用籠牀去其裏，隔盛周氏，載之以車，遂達江南。

三人皆喜曰：「太尉更有妹在燕山府，願復取之。」是時，楊存中亦遣人取其故妻，止于平江，用別宅居之，以再娶趙氏不容其來也。金人使來，因奏：「今講和，乃有臣僚多以金銀遣人來取其家屬，恐大金皇帝聞之不便。」上乃責顯忠，落節鉞，宫祠。存中以顯忠獨被責而已無罪，遂賂遺顯忠不已，且稱其才宜復用。而顯忠亦閑居七年。要録卷一五七紹興十八年五月二十六日癸未條小注引遺史。

〔二十七日甲申〕右朝請郎、廣南西路轉運判官方滋直祕閣、知静江府。上嘗須龍腦爲藥，而内庫偶闕，求之秦檜，檜取一匣進之。至上前啓緘，而匣内有書題名銜，乃滋送檜者，誤不揭去。上以爲御前所未有。要録卷一五七紹興十八年五月二十七日甲申條引遺史。

是年

紹興十八年，〔鄭剛中〕落職，居南雄州。紀勝卷九三廣南東路南雄州官吏引遺史。今按，要録卷一五六、宋史全文卷二一、宋史卷三〇高宗紀七，鄭剛中罷職在紹興十七年十二月二十四日甲寅。並且此條所述「居南雄州」事，要録等書不載，而載其落職後在江州桂陽監居住。

紹興十九年(己巳　一一四九)

十二月

左僕射秦檜與故給事中胡安國及其子徽猷閣直學士寅皆厚善，寅嘗以書謝秦檜，略曰：「願公修政任賢，勿替初志。尊王攘狄〔一〕，以開後功。」檜謂其諷己，始大怒之。時前禮部侍郎張九成與前步帥解潛並謫居南安軍。一日，潛病劇，九成往省之，潛泣曰：「平生惟仗忠義，誓與虜死，以雪國恥，而不肯議和，遂爲秦所斥，此心惟天知之。」九成曰：「無愧此心足矣，何必人知！然人亦無不知者，但有遲速耳。」潛曰：「聞此言，心中豁然矣。」遂逝，時十二月也。編年録卷一六紹興十二年九月「乙巳少保左僕射秦檜加太師」條引遺史。

校勘記

〔一〕尊王攘狄　「尊」原作「遵」，據皇朝中興紀事本末卷七四、宋史全文卷二一、讀書附志卷下別集類三改。

紹興二十年（庚午　一一五〇）

正月

二十年正月〔九日〕丁亥，殿前司使臣施全刺秦檜不中，被執。自是，檜出入，添兵五十，持梃以衛，且禁人行步。四方士大夫赴闕求見檜者，皆不見之，以防刺客。編年録卷一六紹興二十五年「十月丙申太師左僕射秦檜進封建康郡王致仕」條引遺史。

五月

二十年五月，秘書少監湯思退等言：「有旨以師臣秦檜忠義大節，付在史館，止有今來事迹及張邵所奏之書，餘尚闕〔一〕。望令檜録奏宣付，庶得廣記。」編年録卷一六紹興十二年九月「乙巳少保左僕射秦檜加太師」條引遺史。

〔二十九日〕甲辰，上謂檜曰：「思退乞將卿靖康事記爲別録，以示天下後世，可依其請。」秦檜謙退久之。上曰：「不然後代無以知卿忠義。」簽書樞密院巫伋曰：「檜之大節，天下共知，要當令屢書不一，使後世姦賊悚懼。」上然之。編年録卷一六紹興十二年九月「乙巳少保左僕射秦檜加太師」條引遺史。

校勘記

〔一〕止有今來事迹及張邵所奏之書餘尚闕　「止」原作「尚」，據皇朝中興紀事本末卷七五改。「餘」字闕，據皇朝中興紀事本末卷七五補。

六月

六月，左朝請郎何大圭進聖德頌。又福建機宜吳元美嘗作夏二子傳，爲鄉人鄭煒所告。又元美家有潛光亭、商隱堂，煒上秦檜啓云：「亭號潛光，蓋有心於黨李；堂名商隱，實無意於事秦。」蓋捃拾其事皆類此。上謂宰執曰：「大圭意可嘉，可與直祕閣。元美至引伊尹相湯伐桀事，其悖逆不道甚矣。特貸死，送容州編管。」編年録卷一六紹興十二年九月「乙巳少保左僕射秦檜加太師」條引遺史。

七月

〔李〕光以宮祠居鄉里，曾與相知言秦檜之非，檜知之。檜素憾光，且畏其得人望，恐復進用，乃令臣僚誣言其指斥之罪，遂責授建寧軍節度副使，藤州安置。光初安置在藤州，周某者誘光唱和詩篇，説秦檜之姦宄，取其有諷刺者積得數幅，密獻于檜。檜怒，令臣僚言其罪，故自藤州移瓊州，又移昌化軍。編年録卷一五紹興九年「十二月辛酉李光罷參知政事」條引遺史。今按，李光移昌化軍月日，據紀勝卷一二五昌化軍官吏補。此段前三句永樂大典卷二三四二「梧」字韻亦引之，字句稍異。另，從「周某者」至「令臣僚言其罪」，已見前文紹興十四年十一月二十六日癸酉條，字句有異。

紹興二十年七月，李光之親家陸升之告于秦檜曰：「李光之子孟堅者，著成野史，書太師之罪惡。」檜怒，囚孟堅于大理獄，貶峽州，自瓊州移光昌化軍安置。紀勝卷一二五廣南西路昌化軍官吏引遺史。

七月，上謂秦檜曰：「當北使張通古等在館議歸疆之時，曾開與李彌遜等不止異議，察其用心，罪不容誅。」秦檜曰：「陛下兼愛南北，斷以不疑，致徽宗卜永祐之安，太后遂慈寧之養，茲爲天下達孝。初開、彌遜與王庶等爲不臣之逆説，詠胡銓上書，陛下獨語臣曰：『朕初無黃屋心，今横議若此，據朕本心，惟當養母耳。』臣踧踖不知所措。」編年録卷一六紹興十二年九月「乙巳少保左僕射秦檜加太師」條引遺史。

九月

九月，秦檜以病在告，獨簽書樞密院巫伋一人每日上殿。及至都堂，不敢開一言可否事。六部百官皆停筆以待檜疾愈，不敢裁決，唯行常程文書而已。編年録卷一六紹興二十五年「十月丙申太師左僕射秦檜封建康郡王致仕」條引遺史。

十月

十月〔二十八日〕庚午〔一〕，參知政事余堯弼、簽書樞密院巫伋乞今後朝退，依典故權赴太師秦檜府聚議，從之。編年録卷一六紹興十二年九月「乙巳少保左僕射秦檜加太師」條引遺史。

十月，兩府就秦檜第稟事。編年録卷一六紹興二十五年「十月丙申太師左僕射秦檜封建康郡王致仕」條引遺史。

校勘記

〔一〕十月庚午　「十月」原作「十一月」，今按，此年十一月癸酉朔，是月無「庚午」日；十月癸卯朔，「庚午」爲二十八日。皇朝中興紀事本末卷七六記此事在紹興二十年十月庚午。另，編年録卷一六紹興二十五年「十月丙申太師左僕射秦檜封建康郡王致仕」條引遺史，有「十月，兩府就秦檜第稟事」一句，即爲此條所言之事。知「十一月」爲「十月」之誤，據刪「一」字。

十二月

十二月，秦檜久患病在告。〔二十二日〕甲子，始朝參，二孫直寶文閣塤、直顯謨閣堪扶掖以入。詔免拜。上喜甚曰：「且得與卿相見。」檜頓首謝。上曰：「瑞雪應時可喜，又北使在途，並無須索，足見省事。」編年録卷一六紹興十二年九月「乙巳少保左僕射秦檜加太師」條引遺史。

十二月，檜疾愈，出治事。編年録卷一六紹興二十五年「十月丙申太師左僕射秦檜封建康郡王致仕」條引遺史。

是年

紹興二十年，〔王趯〕知雷州。趙鼎入界，趯即見之，趯因留鼎飯〔一〕。鼎轎壞，趯以轎雇四夫送其行。通判申朝廷，秦檜大怒，委廣西經略方滋鞫勘，趯坐四夫一轎送鼎，遂得謫全州。紀勝卷六〇荆湖南路全州官吏引遺史。今按，此條又見紀勝卷一一八廣南西路雷州官吏引遺史，字句稍有差别。

校勘記

〔一〕趯即見之趯因留鼎飯　校勘記卷一三三云：「按，下『趯』字係衍文。」似是。

紹興二十一年（辛未　一一五一）

八月

〔四日辛未〕韓世忠疾，上飭太醫馳視，問勞之使，相屬於道。平時將吏問疾卧内，世忠曰：「歷事三朝，大小百餘戰，冒白刃，中流矢，未嘗退衄。」瘢痏尚存，發衣視之，舉體皆是。且曰：「賴天之靈，得全首領，卧家簀而没，諸君尚哀之耶？」疾益侵，册拜太師致仕。訃聞，不視朝，賻贈有加，遣中貴護喪事。贈通義郡王，官其親屬九人。世忠字良臣，綏德軍人，年十八始隸延安府兵籍。慓悍絶人，不用鞭轡能騎生馬駒，挽彊馳射，勇冠軍中。家貧無生業，嗜酒豪縱，不能繩檢〔一〕，人呼爲潑韓五。有席三者，嘗算世忠當作三公，世忠以爲侮己，痛毆之。後亦到江南依世忠，世忠以錢三萬緡贈之，兩子隸軍中，皆轉爲横行。世忠貧賤時，閒從人貰貸，累券十數。遇出戰，則躍一馬先登，捕首虜馳還，得銀絹賞則償之，率以爲常。隨統制官党萬戰銀州，方解鞍頓舍，而賊騎出間道，直擣其營。萬狂顧不知所爲，世忠袒裼持一戈，率其徒戰卻之。萬兵來援，又殿而還。又嘗見一酋，金甲朱旗，出戰指麾，意氣甚厲，世忠馳一騎刺殺之。後諜知，乃貴將駙馬郎君兀誃者。大帥張深表其功狀上之朝，而宣撫使童貫怒不先白己，黜其功不録。世忠既貴，與將吏騎馬出郊，喜坐於淺草中。世忠語急而聲厲，每言則吐舌，或以爲是蛇精。會編卷二一八紹興二十一年八月四日辛未條引遺史。

校勘記

〔一〕家貧無生業嗜酒豪縱不能繩檢 「生業」，明鈔本、袁本作「生産業」。「能」，明鈔本、袁本作「治」。

九月

巫伋作祈請使，而無祈請之辭，投書而已。議者謂不識字之承局可優爲也。會編卷二一九紹興二十一年九月條引遺史。今按，此條又見要録卷一六二、宋史全文卷二二引遺史。

十月

二十一年十月，御製秦檜畫像贊，仍親灑宸翰賜之。贊曰：「維師益公，識量淵沖。盡闢異議，決策和戎。長樂温清，寰宇阜豐。其永相予，淩煙元功。」自左僕射秦檜用事，士大夫平日小失其意，輒禍不測。集英殿修撰、提舉太平興國宫魏矼，當初講和時，與議不合，檜嘗欲除近郡，矼遜辭不就。奉祠凡四任，寓衢之常山僧舍，蕭然一室，迄免於禍。是年二月卒，士論傷之。初，故相趙鼎嘗謂其客删定官方疇曰：「自鼎再相，除政府外所引從官如常同、胡寅、張致遠、張九成、潘良貴、吕本中、魏矼，皆有士望，異日決可保其無他。」疇曰：「願公徐觀之。」鼎曰：「此等人才，如何變得？」其後諸賢流落之久，皆壁立萬仞，雖死不變。疇始信鼎之能知人也。秦檜之初相也，徽猷閣待制王居正時爲左史，嘗奏上，以謂檜作相前所言皆不讎。檜憾之。及檜再相專國，居正慮爲所害，屏居常州，時事一不掛口，書祠官之考十有二。至是，檜權益張，尤忌善類。大誅譴以立威，多竄之嶺外。居正闔門託疾，猶奪其職。是年十月卒。癸卯，賜秦檜玉帶一。十月，檜封魏國公。編年録卷一六紹興十二年九月「乙巳少保左僕射秦檜加太師」條引遺史。

十一月

〔十四日庚戌〕時執政皆由秦檜進，少忤檜意，則臺諫探檜意而彈擊之。檜或諭意於臺諫，使言其罪。既已罷去，則繼有章疏奪其職。或猶未已，又有章疏，然後責偏州安置或居住。於是爲執政者，皆惴惴然備去計，不以爲榮。而遭罷斥者，亦謂分當如此耳。名器於是輕矣。編年録卷一六紹興二十一年「十一月庚戌余堯弼罷參知政事」條引遺史。

紹興二十三年（癸酉　一一五三）

八月

八月，秦檜之長孫右文殿修撰塤應兩浙轉運司解試，考中第二，時猶微示至公也。編年録卷一六紹興十二年九月「乙巳少保左僕射秦檜加太師」條引遺史。

十二月

紹興二十三年十二月，廣德軍居高陸，歲上供，民輸建平倉，由湖轉江入閘以達行在，道路迂回，復加斂爲貲費，號水脚。知軍錢觀復曰：「此非難見者，何故前政守令皆不經意？」遂請于朝，寄廩于湖之四安鎮，距軍城纔五十里，民不病勞。循運河至北門，不過五日，費減大半。任内歲饑，發常平倉，提舉官屢抑觀復〔一〕，觀復手書論邑振廩濟民，且曰：「民命在朝夕，吾能不獨任擅發之責乎！」旱益甚，境内田十損八九，觀復請于朝，願盡捐歲租以活一方。從之。觀復在宣和間，不願結婚於朱勔求美任者。紀勝卷二四江南東路廣德軍官吏引遺史。

校勘記

〔一〕提舉官屢抑觀復　「抑」原作「仰」，據校勘記卷五及文意改。

紹興二十四年（甲戌　一一五四）

七月

〔二日癸丑〕張俊享年六十九，以疾終於牖下。上聞其薨，震悼，輟視朝三日，賜棺木，襲以一品禮服，龍腦、水銀、賻絹各有差。追封循王，厚録其孤。俊之妻秦國夫人魏氏，先俊薨，以其愛妾榮國夫人張氏繼室，嫌其同姓，遂改爲章氏。俊狀貌雄偉，性深渾厚嚴重，征行戍守，師律整齊，納亡撫降，皆能得其死力。如楊存中、田師中、趙密輩，皆出其門。會編卷二一九紹興二十四年七月二日癸丑條引遺史。

〔十四日乙丑〕右朝奉大夫、成都府路提點刑獄公事鄭靄行尚書度支員外郎、總領四川財賦軍馬錢糧。靄與符行中在蜀中，餽遺秦檜不可勝計。雖歲時寒暄之問〔一〕，亦必用金獅子二枚伴書焉。要録卷一六七紹興二十四年七月十四日乙丑條據遺史修。

校勘記

〔一〕雖歲時寒暄之問　「雖」字原無，據文津閣本、宋史全文卷二二補。

是年

二十四年，〔秦〕塤赴禮部貢院試，而主司考中第一人，遂加敷文閣待制。塤爲檜之孫、熺之子也，試第一人，阿諛之風大露矣。編年録卷一六紹興十二年九月「乙巳少保左僕射秦檜加太師」條引遺史。

是時，檜久柄任，權自己出，而食君之禄者，皆知有秦檜，而忘於先君後臣之義，可謂寒心哉。編年録卷一六紹興十二年九月「乙巳少保左僕射秦檜加太師」條引遺史。

紹興二十五年（乙亥　一一五五）

七月

紹興二十五年七月，臣寮言岳州乃岳飛駐軍之地，乞改名。遂以岳州爲純州，岳陽軍爲華容軍。紀勝卷六九荆湖北路岳州州沿革引遺史。今按，此條所言之事，要録卷一六八、宋史卷三一高宗紀八，在紹興二十五年六月二十七日癸卯。

八月

〔十一日丙戌〕〔董〕德元字體仁，吉州人，登第七年而執政。初，該免舉特奏名，赴廷試，以文學除官，還鄉里。後赴轉運司請解省，殿試考中第一人，蓋前所未有也。德元有官及第作狀元，用爲參知政事，則秦熺爲觀文殿學士不爲過矣。此秦檜之用心也。編年録卷一六紹興二十五年「八月丙戌董德元參知政事」條引遺史。

九月

二十五年九月，秦檜病不出，唯日與曹泳議事。秦檜以病危篤，奏劄子乞同男熺致仕，二孫塤、堪改差在外宫觀。降詔不允曰：「丙吉有疾，夏侯勝預知必瘉。謂有陰德者，必饗其壽，以及子孫。卿獨運廟堂，再安宗社。元勳偉績，著在旂常，過吉遠矣。兹微爽於節宣，曾何傷於氣體。矧今朝廷恃以爲輕重，天下賴以爲安危。卿其專精神，省思慮，勿藥之喜，中外所期。納禄有陳，豈朕所望。所請宜不允。」再請，許之。秦熺爲少師、觀文殿學士充萬壽觀使兼侍讀、提舉秘書省，加國公。奏劄「乞守本官致仕。庶幾父子俱退，追迹漢二疏」。御筆批劄有曰：「朕方賴卿父子同心合謀，共安天下，豈可遽欲捨朕而效從二疏哉！」不允。再請，許之。編年録卷一六紹興二十五年「十月丙申太師左僕射秦檜進封建康郡王致仕」條引遺史。

先是，王楊英爲浙東安撫司參議，任滿赴闕，嘗上書薦熺爲宰相，遂得知秦州。任滿又除直祕閣、知眉州。楊英嘗對衆自言：「我嘗薦小秦爲宰相。」聞者皆側目。及秦檜病篤，董德元、曹泳等謀，欲使熺繼相位，人又切齒。至是，熺致仕，朝野皆罔測其然。上幸秦檜第問病，檜朝服拖紳無一語，惟流涕淋浪，上亦爲之墮淚，就手解紅帕賜檜拭涙。既退，其子熺奏請代居宰相者爲誰，上曰：「此事卿不當與。」秦檜遺表略曰：「伏念臣早緣末學，奮自諸生。當見危致命之秋，守策名委贄之分。畫疆之遺，元樞飛掩執之符；存趙之陳，具僚奉徽斷之指。倉皇去國，奔走從君。衣冠不變於中華，覲會自安於常度。雖歷九死其無悔，猶冀一言而可興。草徽廟之尺書，破僞齊之三策。身屈營窟，心在周行。洎浮海以言旋，舉同朝而趣異。下石而擠者紛至，奉身而退者累年。荷上聖之深知，排群疑而復用。延登右揆，峻陟維垣。專秉任於鈞衡，奉疇咨於帷幄。入而告后，玉音嘗許其無心；出則稱君，輿論共推於得體。上遵成算，復建中興云云。伏望皇帝陛下，惟新盛德，謹保清躬。萬壽無疆，長奉東朝之養；五兵不試，永居北極之尊。益堅隣國之歡盟，深思宗社之大計。謹國是之摇動，杜邪黨之窺覦。以治亂爲蓍龜，以賢才爲羽翼。事有未形而宜戒，言或逆耳而可從。緩刑乃得衆之方，訓本乃富民之術。凡此數端，悉留聖念。」編年録卷一六紹興二十五年「十月丙申太師左僕射秦檜進封建康郡王致仕」條引遺史。

十月

〔二十二日丙申〕初，檜病篤，招董德元、湯思退至卧内，各贈黄金千兩。德元以爲：「若不受，則他時病愈，疑我二心矣。」乃受之。思退以爲：「檜多疑心，他時病愈，必曰：『我以金試之，便待我以必死耶？』」乃不敢受。上聞之，以思退爲非檜之黨。檜薨，年六十六。檜兩居相位，凡十九年，每薦執政，必選世無名譽、柔佞易制者，不使干與政事，備員而已。百官不敢謁政府，州縣亦不敢通書問。若孫近、韓肖胄、樓炤、王次翁、范同、万俟卨、程克俊、李文會、楊愿、李若谷、何若、段拂、汪勃、詹大方、余堯弼、巫伋、章夏、宋樸、史才、魏師遜、施鉅、鄭仲熊等，皆不一年或半年，誣以罪罷之。尚疑復用，多使居千里外州軍，且使人伺察之。是時，得兩府者不以爲榮。劉光世薨，其建康園亭并以賜檜。檜性陰密，乘轎馬或默坐，常嚼齒動腮，謂之馬啗。相家謂得此相者可以殺人。内深阻如崖穽，世不可測。喜贓吏，惡廉士，通饋送，四方大帥、監司、郡守饋送無虚日。内庫偶闕腦子，上一日要腦子，求之於檜，檜取一匣進之。至上前開緘，而匣内有書題名銜，乃廣西經略方滋送檜者，誤不揭去。上謂御前未嘗有如此大片白腦子。檜每生日，四方競獻奇寶〔一〕，金玉勸盞爲不足道，至於搜盡世間之希奇以爲侑。

如符行中、鄭藹在四川，饋送不可計。雖空書，亦於書匣中用金獅子二枚坐書。凡獻投書啓者，以皋、夔、稷、契爲不足比擬，必曰「元聖」，或曰「大聖」云。初爲宰相，紹興二年罷，御筆付綦崇禮令作制，力詆之。及再爲宰相，加太師，封益國公。崇禮已死，檜乃進劄，乞於崇禮之女夫、謝伋之子家收取御筆焚毁。其文曰：

臣仰仗陛下，昨自軍興之初，爲宗社生靈計，躬至軍前權輿和好，因以上格天心，中興國祚。所謂後其身而身存無以天下爲者〔三〕，可以託天下也。臣至愚極陋，繼亦將命出於自請。當是時，豈意有今日依乘風雲之幸！蓋捐軀徇國，萬一近似，乃得與今日休兵保邦之議，非偶然也。靖康之末，邦昌僭號，臣獨不戴異姓，乞於皇族不與背盟之議者選擇繼統。其後軍前取出，欲行懲斷，幸而不死。驅虜遠去，臣終不變初議。至於徽宗草書〔三〕，以爲南朝有子，不當相待遽如石晉。國相雖傲岸自用，猶即遣人厚送錢絹，至盈萬數。後有傳録至中朝者，其本尚在，可考不誣。愚以君臣之契與立朝本末如此。昨自初還朝時，首奏令劉光世通書請好。其後，吕頤浩都督在外，臣又奏遣北人招討都監門客通書求好。未幾，邊報王倫來歸，頤浩遂欲攘以歸己力，援張邦昌友壻朱勝非來朝。既而圍城中人綦崇禮、頤浩、勝非，援邦昌時受僞命人謝克家復來經筵。當臣之求去也，陛下親諭再三，恩意凝密。臣獨以書生不識事體，以必退爲真是。頤浩乃與權邦彦同日留身，乘閒進言，以謂宰相之去，乃無一事。於是旋易臺諫，擬請御筆。至崇禮草制之日，請以爲據〔四〕。克家、崇禮之進用，外人所不知。臣固知二人獨頤浩所私昵，非陛下所眷注也。崇禮被逐，常以所得御筆公示廣衆，不知事君之體至於如此。士大夫雖每竊非笑〔五〕，然以其人闒茸凡下，縉紳不齒，不足以汙牙頰，姑置度外。臣以出處自有本末，後世當有公議，不必與此輩較曲直，故不論也。今崇禮已死，無子，獨有女嫁謝克家之孫、伋之子，若不收拾所降御筆，復歸天府，則萬世之後，忠逆不分，微臣得君立朝，無所考信，實害國體。伏望聖慈特降睿旨，令台州取索崇禮所受御筆繳進，仍以臣今奏疏送付史館，永以傳信，不勝幸甚！

貼黄：克家初受僞命，其子伋對所親厚言：「他日伋等奈何？」蓋已不有其父矣。豈意自全，以至今日。克家受頤浩、勝非之援，再至經筵。曾無幾時，乃自奏言：「陛下以一人言召臣，又以一人言而去，恐四方有以窺陛下。」其敢爲大言無所忌憚如此。疑以傳疑，何所不至。伏望聖慈，深賜降鑑。

奉聖旨：「依奏三省行下台州，取元降御筆復歸天府。」所謂欲蓋而彌彰者，檜之謂也。

檜每遇生朝，錫賚踵道，賜教坊樂佐酒。一日，有伶人作雜劇之戲，其子熺笑聲微高，檜目之不語。少頃，檜起更衣，久而不出。妻王氏使人探之，乃在一室中默坐。智者謂檜歎其子不足以相副也。嗚呼深哉！乞置益國官屬，雖不行，亦不加罪。王循友乞加檜九錫，雖不行，俄自知鎮江遷循友知建康府。識者不敢言，唯以目相視。會編卷二二〇紹興二十五年十月二十二日丙申條引遺史。今按，自「檜病篤」至「得兩府者不以爲榮」、「內深阻如崖穽」至「饋送無虛日」，又見編年録卷一六紹興二十五年「十月丙申太師左僕射秦檜進封建康郡王致仕」條引遺史。自「上一日要腦子」至「上謂御前未嘗有如此大片白腦子」，又見要録卷一五七紹興十八年五月二十七日甲申條所引，因有差別，已在前文紹興十八年五月二十七日條下引出。自「檜每生日」至「希奇以爲侑」，亦見要録卷一五〇紹興十三年十二月二十三日乙巳條引遺史，但所述稍有異。自「饋送不可計」至「金獅子二枚坐書」，又見要録卷一六七紹興二十四年七月十四日乙丑條引遺史，字句差異較大，已見前文。自「凡獻投書啓者」至「或曰大聖」，又見要録卷一五一紹興十四年六月一日辛巳條、卷一六九紹興二十五年十月二十二日丙申條、編年録卷一六紹興二十五年「十月丙申太師左僕射秦檜進封建康郡王致仕」條引遺史。自「初爲宰相」至「其文云」、「靖康之末」至「請以爲據」、「崇禮被逐」一句、「今崇禮死」至「所受御筆邀進」、「所謂欲蓋彌彰者檜之謂也」一句，又見編年録卷一六紹興二十五年「十月丙申太師左僕射秦檜進封建康郡王致仕」條引遺史。自「錫賚踵道」至「嗚呼深哉」，亦見要録卷一五〇所引，且繫之於紹興十三年十二月二十三日乙巳條下，字句稍有異。「乞置益國官屬」至末尾，又見要録卷一五六、卷一六四、宋史全文卷二二上宋高宗十六所引，分别繫之於紹興十七年三月二十二日乙酉、紹興二十三年正月十六日戊午，編年録卷一六紹興十二年九月「乙巳少保左僕射秦檜加太師」條亦引遺史，但作：「二十三年，知鎮江府王循友乞加秦檜九錫，降付中書，檜收之不行。未幾，移循友知建康府，識者探知檜心矣。」

校勘記

〔一〕四方競獻奇寶　明鈔本、袁本作「四方獻壽者」，文津閣本作「四方獻壽香者」。

〔二〕所謂後其身而身存無以天下爲者　「存」，明鈔本作「先」。

〔三〕至於徽宗草書　「草書」原作「書草」，據明鈔本、袁本、文津閣本及編年録卷一六所引遺史改。

〔四〕請以爲據　「據」，袁本作「擬」。

〔五〕士大夫雖每竊非笑　「非」，原卷後校勘記、明鈔本、袁本無。

十一月

〔二十六日庚午〕先是，秦檜秉國政，諸路承順風旨，應奏聞者，止申尚書省取旨。

庚午，三省樞密院同奏，乞事無巨細，皆須奏聞。編年録卷一六紹興二十五年「十月丙申太師左僕射秦檜進封建康郡王致仕」條引遺史。今按，此條中有「庚午」，據要録卷一七〇、皇宋十朝綱要卷二四，在紹興二十五年十一月庚午。

〔是月〕初，僧宗杲編隸衡州〔一〕。紹興二十五年十一月，僧繪宗杲頂相請頌，宗杲曰：「往福州見登庵主求頌。」僧往，祖登作頌曰：「先賜袈裟後賜巾，一身兩度受皇恩。人言南嶽阿羅漢，我道天台第六尊。」至是復賜度牒，令宗杲依舊爲僧。紀勝卷五五荆湖南路衡州仙釋引遺史。

秦檜柄任之久，□法寺禁繫公事，並不遵用法律，唯視檜一時之私意，死則死之，生則生之，笞杖徒流，一切希望風旨。故檜權益重，勢益盛，天下之人益畏而忌之。上知其弊，乃降詔恤刑。編年録卷一六紹興二十五年「十月丙申太師左僕射秦檜進封建康郡王致仕」條引遺史。

秦檜當國柄時，聽受譏間，輒以風聞即起大獄。故使告訐之風，人不堪之。上知其爲害，乃下詔止告訐。檜爲相，御史臺與封駁官皆備員不敢彈事。百寮有忤檜意，檜欲去之，則微示顔色，而臺官已探知之，次日即有言章，略不敢少緩。或有檜遣人諭意與臺官，令有言，臺諫倉皇應語，承順而已。故楊愿未爲執政時，士大夫號其爲内簡牌，言願傳檜旨意爲多也。檜爲左僕射，不除右僕射，應執政陞遷皆檜一力成就之。既爲執政，亦不久必斥去。皆是臺官承檜指意，方敢上章疏。第一章帶職宫祠，數日間再一章落職，例皆如此。故得執政者，亦自以爲不久必去，莫不束裝以待之，固非一日矣。上知其然，親擢湯鵬舉爲侍御史，又降詔戒諭臺諫云云。鵬舉首具白簡論列知太平州王珦、知宣州王鑄、知廬州鄭僑年、新知嚴州鄭震〔二〕、廣東經略方滋、知邵州林機、福建提舉常平王瀹、通判廣德軍鄭時中、淮南運判龔鑒、提舉浙東茶鹽黄兑，並罷之，皆檜之親戚門人也。由是，檜親戚門人未遭論列者，皆不安迹。編年録卷一六紹興二十五年「十月丙申太師左僕射秦檜進封建康郡王致仕」條引遺史。

校勘記

〔一〕僧宗杲編隸衡州　「杲」原作「果」，據粤雅堂本及皇朝中興紀事本末卷六二、要録卷一四九改。下同。

〔二〕新知嚴州鄭震　「鄭震」原作「郭震」，據要録卷一七〇、一七二、宋史卷三一、宋會要輯稿職官七〇改。另，據淳熙嚴州圖經卷一所載，鄭震知嚴州時間在紹興十四年十月二十九日至十六年十一月二十七日，紹興二十四年十一月至二十六年十月任知州者爲李洪，此條言

「新知」，或有誤。

十二月

〔二十一日甲午〕初，〔沈〕該知夔州，罷歸出峽，至江州聞有召命，既到行在，即有是除。講和之初，該嘗上書附會其議，上記之，故有執政之除。該初在潼川府，專以商販取利，及知夔州，營利尤甚。既除參知政事，傳至夔州，人皆大驚。編年録卷一六紹興二十五年十二月「甲午沈該參知政事」條引遺史。

紹興二十六年（丙子 一一五六）

二月

〔二十二日甲午〕先是，辛次膺爲湖南提刑，聞金人遣使張通古來詔諭江南，曾上書言：「父母之讎不與共戴天，兄弟之讎不反兵。豈有降萬乘之尊，屈己稱藩者乎？」書奏不報，即丐祠，遂主管台州崇道觀。紹興十年，金人敗盟，次膺有故人將漕湖北者，擬寄居鄂渚而依焉。及見岳飛，待遇甚厚，力留次膺寓居。次膺亟歸，語兄弟曰：「岳飛握重兵，昧保身之策，禍將及矣。」飛厚賂其行，次膺不受，遂入鄱陽寓居。宮祠滿，以與秦檜不協，不復再陳。貧窶之甚，未嘗以一字通貴要，亦未嘗以毫髮干人。閲十二年，忍窮如鐵石，而志氣不少屈。兄弟殂喪，竭歡致養，上順親顔，撫恤幼弱，一門和熙，邑人化之。至是除帥浙東，未赴，移知婺州。會編卷二三二紹興二十六年條引遺史。今按，自「辛次膺爲湖南提刑」至「不與共戴天」、「豈有降萬乘之尊」至「遂主管台州崇道觀」，亦爲紀勝卷五五荆湖南路衡州官吏所引，且繫之於紹興二十六年正月。辛次膺移知婺州月日，據要録卷一七一補。

五月

〔二日壬寅〕〔沈〕該除左僕射制，以尹、虺、周、召期之。〔万俟〕卨除右僕射制，以丙、魏、姚、宋稱之。該謝表有曰：「蕭曹同心安海内，則共奮於事爲；尹虺一德享天心，誓永堅於忠藎。」卨謝表有曰：「謂臣素志之排姦，頗能自信；察臣白首之固節，僅有所長。乃聞爰立之功，以贊惟新之治。」議者謂前後拜相，未有如卨之披襟者。自秦檜死，宰相虛位半年，天下之人皆傾耳以待。忽一日拜二相，人皆驚駭。傳至四方，亦無不驚者。編年録卷一六紹興二十六年「五月壬寅沈該左僕射万俟卨右僕射」條引遺史。

七月

紹興二十六年七月，張邵以待制知池州，纔三月，即乞休致，通判以下勸止之，遂奉祠寄居于廣德軍。繼而清旦發書辭郡官，澡浴易衣，朝服而坐，氣已絶矣。紀勝卷二二江南東路池州官吏引遺史。

八月

檜當國，有進士上書獻策，或忤其意，有置之死地，輕者亦送外州軍學聽讀。雖爲聽讀，當職官亦掛意防守，必送之廂司，與編管人無異。爲士者甚苦之。七月丙午，有旨進士因事送諸州軍聽讀者，遇赦放令自便。淮東提舉茶鹽朱冠卿奏：「故相當權，不遵祖宗故事。科舉雖存，公道廢絶。私于子孫，皆置俊異之選；私於族裔親戚，又私門下憸人鄙夫。前舉一榜，如曹冠、秦塤、周寅、鄭時中、秦焞、鄭鎮、沈與傑、秦熺〔一〕，凡八人，其間多是乳臭小兒，至於素不知書、全不識字者，濫竊儒教，侵占省額。欲乞特降聖旨，於曹冠等階官以左易右，俾正流品，却將向來侵取人數，復還今舉省額。」御史中丞湯鵬舉奏：「欲以有官人赴試者，令各帶『右』字。如無官試者，合行駁放，然後方可以前牓侵額之數，於後牓收使。」八月，得旨依奏。編年録卷一六紹興二十五年「十月丙申太師左僕射秦檜進封建康郡王致仕」條引遺史。

校勘記

〔一〕如曹冠秦塤周寅鄭時中秦焞鄭鎮沈與傑秦熺　「周寅」，宋史卷四七三秦檜傳、要録卷一六六作「周賔」，然要録卷一七四、宋會要輯稿選舉四作「周寅」，疑「周寅」爲「周賔」之誤。「鄭鎮」，要録卷一七四、淳祐玉峰志紹興二十四年進士題名、宋會要輯稿選舉四作「鄭縝」，是。「沈與傑」，宋史卷四七三秦檜傳、要録卷一六六、一七四、宋會要輯稿選舉四作「沈興傑」，是。

九月

九月〔二十五日甲子〕，戒諭臣寮不得論列秦檜家族。秦熺以湯鵬舉言其宗族親戚門人不已，甚不堪之。乃檢尋鵬舉平日上其父書併與己書，皆感恩戴德佞媚之詞，遂密遣人進珍寶數十萬貫獻上及獻中官與劉貴妃，且繳鵬舉書詞。上爲之惻然興念。而鵬舉不知也，復上言檜之孫敷文閣學士塤、敷文閣待制堪、檜孫壻敷文閣待制吴益，乞追奪官職事。上令檜門人張掄代旨批云：「臣寮所論，甚協公議。然朕以秦檜輔佐之久，又臨奠之日，面諭檜妻，許以保全。若遽奪諸孫與壻職名，不惟使朕食言，而於功臣傷恩甚矣。可令中外知朕此意，今後不得更有論列。」鵬舉以言不行乞出，又詔諭止之。編年録卷一六紹興二十五年「十月丙申太師左僕射秦檜進封建康郡王致仕」條引遺史。今按，本條月日據要録卷一七四補。

十月

〔二十九日丁酉〕初，張浚謫永州居住，秦檜既死，已令逐便居住矣。至是，浚進書，乞勿信沈該、万俟卨二相，宜修武備。或謂浚無此書，憸人僞撰而進之。又或以爲金人令奸細詐作浚進書。雖不可明，然該、卨大怒。湯鵬舉迎合二相意，乃上言：

謹按，前特進、觀文殿大學士張浚，輒敢胥動浮言，恣爲妄發，取腐儒無用之常談，沮今日已定之信誓。豈復能爲國家長慮卻顧哉？徒以去國有年，居閒日久，朝夕之所希望者，惟冀復用爾。殊不思紹興初年宣撫於外，飛揚跋扈，歷五春秋，信任匪人，殺戮名將，輕失五路，坐困四川，江淮軍民，咸被其擾。耗公帑而市私恩，縱狂言而無良策。已試之效如此，尚可言勇哉？議者謂前此權臣曾被其薦，故雖荐致人言，姑竄近地而已。今浚身在草土，名繫罪籍，邀譽而論邊事，不恭而違詔旨，豈知所謂以道佐人主者耶？又況居憂者當以純孝存心，爲臣者當以恭順承詔。而浚以殺戮爲事，是不孝也；以悖逆爲意，是不忠也。乞量寘典刑，屏之遠方。

又言：前宰臣張浚，學術迂疏，智識淺短，剛果自任，輕肆無謀，器小任大，自取敗失屢矣。去冬，陛下施曠蕩之恩，還浚貶所，復其舊職，付以帥閫，所以遇浚厚矣！浚既銜憂去職，理當闔門自省，乃復倡爲異議，以動揺國是。不惟安危之計，獨狥偏私之見。獲罪天下，公議所不貸也。浚初領兵於陝右，妄行誅戮，而五路至於陷失。暨居宰席，措置乖方，淮西一軍，旋致潰叛，天下莫不怨之。是浚無所施爲，動必顛躋。曾不追省愚愆，猶肆大言，欺愚惑衆，冀於再用，殊可駭笑。況浚近得指揮，歸葬於蜀，儻堅異議，以倡率遠方之人，慮或生患。

又言：訪聞浚之議論，每及時政，憑愚護短，專務立異，求售前日之臆説，以倖將來之復用。臣恐遠方遐徼，民聽易惑，別生事端。

有旨：「張浚復令永州居住，候服闋日取旨。」會編卷二二四紹興二十六年十月二十九日丁酉條引遺史。今按，除湯鵬舉上書内容外，其他部分又見要録卷一七五紹興二十六年十月二十九日丁酉條小注所引。

紹興二十八年（戊寅　一一五八）

五月

〔十九日戊寅〕石清在館，因酒與使客人從有語，特與外任，日下出門。要録卷一七九紹興二十八年五月十九日戊寅條小注引遺史。

紹興三十年（庚辰　一一六〇）

五月

〔八日乙酉〕〔戚〕方除江州都統。要録卷一八五紹興三十年五月八日乙酉條小注引遺史。

紹興三十一年（辛巳　一一六一）

五月

〔十九日辛卯〕王全、高景山來賀生辰也，自入境有凶悍之狀。過平江、秀州，舟中以弓矢射夾岸居人，官司莫敢誰何，但告報居人闔户而已。既到行在，命何溥館之。引見之日，接國書畢，王全奏事，稱語訥不能敷奏，乞令副使高景山代奏事。上許之。全招景山，景山欲升殿，侍衛及閤門官止之。上詔令升殿，景山乃升殿，狀貌不恭。景山直言淵聖升遐事，言語鄙俗，上號慟歸禁中。景山曰：「我來理會者兩國正事。」譊譊不已。帶御器械李横約景山下殿，曰：「不得無禮！有事朝廷理會。」使人猶在殿中，班皆未退，帶御器械劉炎告宰相陳康伯曰：「使人在廷未退，有茶酒之禮，宜奏聞免之。」康伯曰：「公自奏聞。」炎遂轉屏風而入，見上哭泣，炎奏其事，上然之。炎即出傳旨曰：「今爲聞淵聖皇帝訃音，忽覺聖躬不安，閤門賜茶酒宜免，使人且退班。」遂退。朝廷乃行下諸軍及監司帥臣曰：「契勘大金，意在敗盟，恐致興兵，仰各措置，無落姦便。」先是，河北進士梁勳夜行晝伏歸朝廷，上書言北事極詳，且言金人必舉兵。秦檜怒嗔決之，押赴惠州編管。檜死，朝廷取勳，已死矣〔一〕。至是，人皆思勳之忠義，而切齒檜之不容忠臣。會編卷二二八紹興三十一年五月十九日辛卯條引遺史。今按，自「王全高景山來賀生辰也」至「但告報居人闔户而已」，亦見要録卷一八五紹興三十年五月十七日甲午條引遺史。自「先是河北進士」至「已死矣」，要録卷一七二紹興二十六年三月二十四日乙丑條亦引之。

〔是月〕從例，〔金〕使、副酒各四大金瓶，瓶并器合盡與之。要録卷一五一紹興十四年正月七日己未條引遺史。

校勘記

〔一〕朝廷取勳已死矣　明鈔本、袁本、要録卷一七二作「朝廷取勳勳已死矣」，似是。「取勳」，文津閣本作「欲用勳」。

六月

〔二十一日〕壬戌，右司員外郎、充送伴使呂廣問等還行在，奏：「臣等到盱眙軍，有金牌郎君到來，令臣等跪受大金皇帝聖旨，云六月二十三日來南京。」要録卷一九〇紹興三十一年六月二十一日壬戌條據遺史修。

六月〔二十四日〕乙丑，放仙韶院女樂二百餘人。上聞淵聖訃音，且知金人有用兵之意，或傳金人欲來索仙韶院女樂，上不忍良家子陷于絶塞，乃盡遣出宫。要録卷一九〇紹興三十一年六月六日丁未條小注引遺史。

朝廷既聞金國主欲遷都於汴，且屯兵宿、亳間，議遣大臣奉使。宰執共議，遣參知政事楊椿行。其所議者，如大金皇帝祗欲到洛陽觀花，則不須屯兵於邊。若果欲遷都於汴，屯兵宿、亳，則本國亦不免屯兵於淮上。非敢故渝盟約也，蓋爲國之道不得不然。或欲巡幸汴都，即還燕京，不屯兵於境上，則本國亦無一人一騎渡江。簽書樞密周麟之與聞其議，知其事易言，別無意外難合之請，乃陰欲掠奪其恩數，而陽爲慷慨之言。遂見上，毅然請行。初，皇太后上仙，麟之嘗爲告哀使使於金國，金國主喜其辨利，錫賚加厚。麟之以例辭，金國主不許，曰：「一時錫賚，出自朕意，何例之有？」麟之歸，以其物繳進，復賜麟之。既麟之又請行，上大喜，乃命麟之使於金國。未行，會間探者報金國主親提兵將大舉，風傳兵聲甚盛，極可畏懼。麟之大恐，不敢直辭其行，乃見上，但委曲言：「事已如此，不必遣使。雖遣使無益也。」上大怒，以麟之初請行復請止，令其自析〔一〕。麟之伏罪。侍御史杜莘老引用唐太宗斬盧祖尚故事言其罪，麟之遂罷。會編卷二二九紹興三十一年六月二十四日乙丑條引遺史。今按，從「朝廷既聞」至「毅然請行」，要録卷一八九紹興三十一年四月二十九日辛未條亦引之，所述有異，開首第一句作「辛未同知樞密院事周麟之爲大金奉表起居稱賀使賀金主遷都也」，此條後小注言「據趙甡之遺史本文」，此句或爲會編所遺。自「金國主親提兵將大舉」至「上大怒」，要録卷一九〇紹興三十一年五月二十日壬辰條亦引之。

〔二十五日〕丙寅，詔許淮南諸州移治清野。要録卷一九〇紹興三十一年六月二十五日丙寅條據遺史修。

〔二十七日戊辰〕周麟之既罷黜，朝廷別議泛使，欲以劉岑行。上召岑問之，岑曰：「臣受國家厚恩，今臣年老矣，惟不惜一死可以報國。臣請至金國，有如議不合，當以臣血濺完顏之衣〔二〕。」上愕然，繇是命徐嘉奉使，以張掄副之。會編卷二二九紹興三十一年六月二十七日戊辰條引遺史。

校勘記

〔一〕令其自析　袁本作「令自具訴」。

〔二〕當以臣血濺完顏之衣　「完顏」，明鈔本作「虜主」，似是。

七月

〔八日己卯〕劉炎初爲右通直郎，換閤門宣贊舍人、主管内帑錢，往來榷場買犀玉書畫，依托内侍以進，後帶御器械。值王全、高景山上殿無禮，群臣不能措一辭，而炎乃逡巡投機，全國大體，俾狂黠使人折服退去。可謂失之平生，收功須臾矣。而群臣不思己之不敏，乃疾炎之見機，於是杜莘老論之。要録卷一九一紹興三十一年七月八日己卯條小注引遺史。

〔十一日壬午〕泰興縣令尤袤，以揚、楚頻易帥守，作詩以諷之曰：「維揚五易帥，山陽四易守。我來七八月，月月常奔走。帑藏憂煎熬，官民困馳驟。世態競趨新，人情益異舊〔一〕。如其數移易，是使政紛揉。彼席不得温，設施亦何有。淮南重彫瘵，十室空八九。況復苦將迎，不忍更回首。嘗聞古爲治，必假歲月久。安得如奕棋，易置翻覆手。」會編卷二二九紹興三十一年七月十一日壬午條引遺史。

〔十六日丁亥〕成閔以馬軍司諸軍發臨安，在道除湖北京西路制置使。是時，邊事未動，鄂州軍中罔測其情，或勸都統田師中善爲備者。於是人情皆不安，市井驚惶，至有妄言來取師中者。或請師中以素隊迎接之爲便，師中從之，迎見閔於路次，人情乃安。閔屯於古將壇之左。閔受鄂州左軍統制郝晸黄金三百兩，以晸知襄陽府，爲京西安撫。自此，人皆知閔爲不足與成事矣。會編卷二二九紹興三十一年七月十六日丁亥條引遺史。今按，「閔受鄂州左軍」至末尾，要録卷一九二紹興三十一年九月十一日庚辰條亦引之，字句稍異。

〔二十一日壬辰〕徐嘉、張掄爲泛使，去盱眙軍館中以待，金人接伴使副到泗州，即渡淮。金人忽遣諫議大夫韓汝嘉走馬八匹，徑度淮，直入館中，嘉、掄大驚，皆朝服以待汝嘉走馬，三節人皆出館門外，闔其扉。知盱眙軍周淙在館外穴壁以窺。汝嘉令嘉、掄與三節人皆列庭下，大呼曰：「有敕！」遂宣言其大意，謂皇帝以蒙古作過〔二〕，親提大兵五百萬，恭行天討。其宋國奉使未得渡淮，候九月皇帝巡幸淮甸日引見。言畢，上庭分賓主坐〔三〕。嘉戰慄無詞，掄乃稍進步而問曰：「蒙古小邦，何煩皇帝親行？」汝嘉不能對。掄曰：「諫議遠來，口言有敕，本朝君相，何以爲憑？請書於紙，容掄聞奏〔四〕。」汝嘉即索紙，書畢而去。嘉、掄送襭段香茶，皆不受。以汝嘉所書聞奏，知必用兵，即召嘉、掄等回。未幾，金人復報已差接伴使副，請奉使渡淮。朝廷不從，而命沿江沿淮嚴飭邊備〔五〕。會編卷二二九紹興三十一年七月二十一日壬辰條引遺史。

校勘記

〔一〕人情益異舊 「益異」，明鈔本作「蓋諳」，袁本作「盍謀」，文津閣本作「蓋詣」。

〔二〕謂皇帝以蒙古作過 「蒙古」，明鈔本此條皆作「蒙子」。

〔三〕上庭分賓主坐 「庭」，袁本作「廳」。

〔四〕容掄聞奏 「掄」，袁本作「俟」，文津閣本作「後」。

〔五〕而命沿江沿淮嚴飭邊備 「淮」原作「河」，據明鈔本、袁本及文意改。

八月

〔八日戊申〕軍事將興，朝廷無將，得一時之譽者唯劉錡而已，乃命爲浙西、江淮制置使。凡百奏陳，無不允從，恩寵甚盛。錡亦以天下之重自任，謂可辦者。會編卷二三〇紹興三十一年八月八日戊申條引遺史。

〔十一日辛亥〕〔王〕繼先世爲醫，其祖以賣黑虎丹得名，號「黑虎丹王家」。繼先爲人姦黠，喜諂佞，善褻狎，自建炎以醫藥得幸〔一〕。嘗勸上服仙靈脾，議者謂仙靈脾者，亦名淫羊藿，雖强陽，然久服令人精清。按方論，精清者不成子。繼先獨不以爲然。繼先遭遇紹興中，富與貴冠絶人臣，諸路大帥承順下風，莫敢忤〔二〕。其權勢之盛與秦檜相埒，張去爲以下尤不足道。而通關節，肆誅求，强奪婦女，侵漁財利，則檜所未嘗爲也。秦檜宗族與其妻黨皆貴盛者，非檜薦舉之力，乃檜請陞遷繼先宗族及吴益宗族官職，故繼先及中宫亦請陞遷秦氏、王氏之官職也。繼先處富貴之極，未嘗見一正人端士。時設飲饌，招教坊樂人，酒酣，視繼先爲儕輩恣狎，而繼先亦無忤。大抵主上以國事委之檜，以家事委之去爲，以一身委之繼先，所以憑恩恃寵靡所忌憚〔三〕。而中外之士，莫敢議者三十年。至是，金人有敗盟之報，朝廷有用兵之意。初，劉錡都統鎮江之軍，屢請決戰用兵，朝廷猶俟虜人先有釁隙，則以兵應之，故未許。錡申請不已。及除浙西、江淮制置使，亦申請用兵。一日，汪應辰獻復和策，堅執和議，且言：「自國家講和至今，未嘗有違闕。用兵之議，恐誤大計。」醫師王繼先因間見上，言：「邊鄙本無事，蓋緣新進用主兵官好弗靖〔四〕，喜於用兵，意欲邀功耳。若斬一二人，則和議可以復固。」上不懌曰：「是欲我斬劉錡乎？」是時，盱眙奏到金人遣韓汝嘉直入盱眙館，口傳敕不許奉使徐嚞、張掄渡淮事，未有以處之。上在劉才人位進膳，不舉筯〔五〕，才人怪之，遣中人物色聖情因何不懌，乃得應辰之策及繼先之言。才人侍上，因言寬解上意，大抵與繼先之言相似。上驚，問曰：「汝安得此言？」才人不能隱，遂具説遣中人物色得繼先之言。上大怒。杜莘老探知上意，乃具白簡乘勢彈擊，甚善之舉也。惜乎莘老蜀人，去國稍遠，不知繼先出處，而言繼先負擔喝藥，因奴事秦檜，夤緣薦引，又顯仁皇后閒餌其藥，特賜寵遇者，非也。其所言十事，蓋繼先之細過耳。劉才人俄以他事賜第別居。會編卷二三〇紹興三十一年八月十一日辛亥條引遺史。今按，自「繼先爲人」至「以醫藥得幸」，亦見要録卷二七建炎三年閏八月十六日壬辰條引遺史，字句稍異。自「繼先遭遇紹興中」至「尤不足道」、「秦檜宗族與其妻黨」至「王氏之官職也」，要録卷一五七亦引之，且繫之於紹興十八年三月二十六日甲申。自「初劉錡都統鎮江之軍」至「上大怒」及「劉才人俄以他事賜第別居」句，又見要録卷一九二引遺史，且繫之於紹興三十一年八月七日丁未。

〔十五日乙卯〕劉錡以制置往揚州。錡曰：「軍禮久不講，人皆不知軍禮。」乃建大將軍旗鼓而行，軍容整肅，旗幟鮮明。自靖康初李綱解圍太原，出國門日常行此禮，江浙所未見也，觀者悚然惴恐。時錡方病，不能乘馬，遂用皮穿竹爲輿，雇游手人肩之。鎮江城中香煙如雲霧，觀者擁溢。錡嘗謂諸將佐曰：「此舉皆令汝輩建節，取重陽日到京師犒設。」州官於江皋送之，錡舉袖揖之曰：「不暇茶湯，且欲速行。諸公有墳墓在西北者，宜備行計，具拜掃之禮相繼而來。」小人傳其語爲實然。遂軍於揚州。會編卷二三一紹興三十一年八月十五日乙卯條引遺史。

〔二十六日丙寅〕〔魏〕勝除閤職，知海州。要録卷一九二紹興三十一年八月二十六日丙寅條小注引遺史。

校勘記

〔一〕自建炎以醫藥得幸　「建炎」，明鈔本、袁本、要録卷二七作「建炎初」，似是。

〔二〕莫敢忤　「忤」原作「悻」，據明鈔本、袁本及宋史卷四七〇佞幸王繼先傳改。

〔三〕所以憑恩恃寵靡所忌憚　「所以」，明鈔本作「所以繼先」。

〔四〕邊鄙本無事蓋緣新進用主兵官好弗靖　「事」原作「師」，據明鈔本、袁本、岳珂桯史卷九改。「好弗靖」，明鈔本、桯史作「好作弗靖」，似是。

〔五〕不舉筋　「筋」原作「筯」，於意不通，據明鈔本、袁本、文津閣本、要録卷一九二改。

九月

〔十一日庚辰〕吴拱言襄陽形勢則盡之矣，不敢以其人而廢其言。若夫保守之方，則甚爲乖疏。所謂「修置小寨」者，其意在於退守萬山，而棄城不守也。「保護禦敵」者，其意在於閫閾自固，不出兵以接戰也。拱到襄陽，首置萬山寨，山無水無薪，若屯大軍，不可以時安息。師徒勞役，衆口藉藉，道路駭聞。會編卷二三一紹興三十一年九月十一日庚辰條引遺史。今按，此條開首有「吴拱言襄陽形勢」一句，後又引用吴拱言語，可知遺史曾引用了吴拱上書，但不知是否全引。吴拱上言約一百四十字，除會編收録外，又見要録卷一九二、續宋中興編年資治通鑑卷七。

〔十七日丙戌〕淮南路轉運副使楊抗奏〔一〕：「臣伏覩閤門宣贊舍人、兩浙西路兵馬都監〔二〕、鎮江府駐劄御前中軍統制、淮南、浙西浙東兩路制置使司提舉一行事務劉汜〔三〕，志節不苟，忠義持心，篤信好學〔四〕，輔以儒雅。臣嘗至其軍，遇汜閲試戰士，號令精明，進退肅然。今保舉堪充將帥任使。」有旨劉汜與轉武略郎，依舊兼閤門宣贊舍人，令三省樞密院籍記。汜，錡之子，錡之姪也。會編卷二三一紹興三十一年九月十七日丙戌條引遺史。

校勘記

〔一〕淮南路轉運副使楊抗奏　「運」原作「送」，據明鈔本、袁本、文津閣本改。

〔二〕臣伏覩閤門宣贊舍人兩浙西路兵馬都監　「閤」，此條原皆作「閤」，據明鈔本、袁本及文意改。「浙」原作「淮」，明鈔本、袁本作「浙」。按，宋代無兩淮西路，據文意當爲兩浙西路，故改。

〔三〕鎮江府駐劄御前中軍統制淮南浙西浙東兩路制置使司提舉一行事務劉汜　「兩路」原作「西路」，據袁本及文意改。

〔四〕忠義持心篤信好學　「持心」，明鈔本、袁本作「自持」。「信」，明鈔本作「意」。

十月

〔四日癸卯〕詔未降一月之前，市人皆能誦其詔文〔一〕。詔既降，始知久已製成，但未降前不當漏於外耳。又先期降付吴璘軍中，有旨未得頒行。璘具奏乞頒行，俄已降出頒行矣。會編卷二三二紹興三十一年十月四日癸卯條引遺史。今按，此條又見要録卷一九三紹興三十一年十月一日庚子條所引。觀「詔未降一月之前」一句，可知遺史引用過此詔書内容。此詔書爲紹興辛巳親征手詔，約三百五十餘字，不知遺史是全引還是節引。除會編卷二三二引用此詔書外，又見要録卷一九三、陳康伯陳文正公文集卷二、塞駒采石瓜洲斃亮記、宋會要輯稿兵七、宋史全文卷二三所引。

〔十日己酉〕姚岳字崧卿，京兆人。陝西陷没，岳避地入蜀，途中得進士舉業時文一册，讀之，曰：「我平日習舉業，實不及此。」遂珍藏之。張浚失陝右，欲收繫陝右士大夫心，紹興初解試，令陝右流寓進士盡作合格，及類省試亦如此，唯雜犯黜落一二人而已。岳爲榜首。由是，陝右流寓進士二十餘人皆過省。岳飛爲湖北京西宣撫使，以身姓岳，母姓姚，一見姚岳大喜，遂辟爲屬官。及飛被罪，自謂非飛之客，且乞改岳州州名，士論鄙之。累官知荆門軍，籍民兵，置一色衣衫，一等槍仗，新鮮旗幟，聚民兵在教場，習喏聲令齊一。御史中丞汪澈宣諭荆襄，到荆門軍，岳令民兵迎接，擺列於原野中。澈見衣衫槍旗如法已喜，俄聲喏齊一而不譁，澈大喜，乃具奏曰：「近自襄陽還諸道荆門軍，自入境，見田野漸闢，上下安居，百姓累累，遮道不絶。皆言知軍姚岳爲政不擾，並無追呼。治道有術，外户不閉。他處人民，襁褓而來，願爲編户。荆門正控扼之境内，以姚知軍爲命，或一日别有差除，則來居之民必散，强壯子弟必弛。臣密加探聽，誠如其言。郡守中亦不易得也。」有旨姚岳特轉一官，候任滿令再任。會編卷二三四紹興三十一年十月十日己酉條引遺史。今按，張浚解試及姚岳爲榜首事，亦見要録卷六一紹興二年十二月十六日壬寅條引遺史，較爲簡略。

〔十一日庚戌〕莫濛字子蒙，湖州人也。試中刑法，而實不知法意，陽爲長厚，陰爲險刻。有五子，父子更相稱譽，人皆笑之。嘗爲金部郎中〔二〕，措置沙田蘆場，於民不便，降監當。至是用爲淮南運判，避事逗遛不赴，省部勘會：「淮南運判莫濛已降指揮，令星速起發之任，專一隨王權軍應辦錢糧〔三〕。經今兩月〔四〕，未見申發到任月日，顯是遷延，有誤軍期。」有旨特降一官放罷，就除向沟淮南轉運判官填見闕，仍專一隨王權軍應辦錢糧。會編卷二三四紹興三十一年十月十一日庚戌條引遺史。

〔十三日壬子〕楊抗字抑之，貪沓詭激之人也。敢大言，喜輕易談兵。聚民作水寨，自期必成大功，以胡深爲都統領。抗隨劉錡軍於淮陰，見清河口與金人相持〔五〕，抗言欲自守水寨，且催督錢糧應副大軍，遂棄其軍而去，遁走渡江，止於江陰軍。會編卷二三四紹興三十一年十月十三日壬子條引遺史。

〔十九日戊午〕知樞密院事葉義問督視江淮、荆襄軍馬，以中書舍人虞允文爲參議軍事。義問奏差樞密院檢詳諸房文字洪邁、秘書省校書郎馮方主管機宜文字，右通直郎知吉州廬陵縣葉行己、保義郎新提點廣南西路綱馬驛程徐格幹辦公事。義問再奏，今照得前後宰執出使，郎官已上多充參議，洪邁、馮方乞改充參議軍事。會編卷二三六紹興三十一年十月十九日戊午條引遺史。

是役也，〔邵〕宏淵酒醉未醒，實未入陣，身在橋之東以麾將士，遣三將在橋上占橋迎戰。及其退軍也，百姓鬨然爲之語曰：「邵太尉在西府橋當住番人矣。」揚州百姓則曰：「若非邵太尉在真州力戰番人，揚州之人皆避之不及。」至有言宏淵馳馬入陣鏖戰，出入數四，血污滿體。其力戰迎敵之譽起於百姓，後好事者不究其實，爲請立祠堂於二州，可謂不虞之譽矣。會編卷二三六紹興三十一年十月十九日戊午條引遺史。今按，此條又見要録卷一九三紹興三十一年十月十九日戊午條小注引遺史。

〔二十六日〕乙丑，鎮江府左軍統領員琦及金人戰于揚州皂角林，敗之。初，金人既得揚州，即遣兵逐劉錡，與官軍遇。至是，大軍來争瓜洲渡，錡命統制官賈和仲、吴超等拒之于皂角林。琦陷重圍，下馬死戰數十合。中軍第四將王佐以步卒百有四人往林中設伏，虜既入〔六〕，張弩俄發。虜以運河岸狹〔七〕，非騎兵之利，稍引去，遂大敗之。斬統軍高景山，俘數百人。時諸處以報捷旗趨行在者絡繹于道路，市人爲之語曰：「雖日聞報捷可喜，但一報近如一報，亦可憂。」督視軍馬葉義問讀錡捷報，至「金人又添生兵」，顧謂侍吏曰〔八〕：「生兵是何物？」聞者皆笑，當時謂之「土園樞密」〔九〕。要録卷一九三紹興三十一年十月二十六日乙丑條引遺史。今按，自「時諸處以報捷旗趨行在者」至末尾，又見會編卷二三六紹興三十一年十月二十六日乙丑條引遺史，字句有異。

校勘記

〔一〕市人皆能誦其詔文　「誦」原作「言」，據明鈔本、袁本及要録卷一九三引遺史原文改。

〔二〕嘗爲金部郎中　「郎中」，明鈔本作「郎官」。

〔三〕令星速起發之任專一隨王權軍應辦錢糧　「星速」，明鈔本、袁本作「星夜」，文津閣本作「速」。「專一隨王權軍」，文津閣本作「轉示王權」。

〔四〕經今兩月　「經今」，原卷後校勘記、袁本作「今經」。

〔五〕見清河口與金人相持　「清河口」，袁本作「清江口」。

〔六〕虜既入　「虜」原作「金」，據中興戰功録「劉錡皂角林」條及續宋中興編年資治通鑑卷七改。

〔七〕虜以運河岸狹　「虜」原作「金」，據中興戰功録「劉錡皂角林」條及續宋中興編年資治通鑑卷七改。

〔八〕顧謂侍吏曰　「吏」原作「史」，據會編卷二三六、宋史全文卷二三改。

〔九〕當時謂之土園樞密　「土園」，會編卷二三六作「去源」，宋史全文卷二三作「兔園」。「兔園」似是。

十一月

〔三日辛未〕葉義問以知樞密院事來江上督視，乘大座船，以使臣二人執器械立馬門左右〔一〕，見者無不笑。義問以儒將自許，有姪真卿者〔二〕，常語人曰：「方今儒將，家叔知院一人而已。」義問至鎮江，聞瓜洲官軍與金人相持，已皇遽失措。時隨行有統制輔逵、米忠信數人〔三〕，諸統制共坐，問有樞密吏劉子忠忽問曰：「大江之北即是金人重兵，何以卻之？」逵應曰：「無兵，國家勢弱；無法，可以卻敵。」在旁聞者皆掩鼻〔四〕。義問漸發間探者過江，且載銀帛犒設諸軍。是時冬月，江水低，沙洲皆露，義問役民夫掘沙爲溝，可深尺許，沿溝栽木枝爲鹿角數重，乃曰：「金人若渡江來，且以此欄障之。」聞者無不大笑。民夫且執役且笑且言曰：「樞密喫羊肉，其識見何故不及我喫糟糠村人？一夜潮生，沙溝悉平，木枝皆流去矣。」義問得知建康府張燾公狀告急：「金人侵犯采石，爲渡江之計，其勢危急。請日下火急起發，前來保守江渡。」會編卷二三八紹興三十一年十一月三日辛未條引遺史。

〔六日〕甲戌，召王權。要録卷一九四紹興三十一年十一月四日壬申條小注：「趙甡之遺史王權被召在甲戌。」

〔八日丙子〕金人得和州，完顏亮親率大兵臨西采石楊林渡已數日，王權軍於東采石相拒。知太平州王傳者殊不介意，傳與權猶蔽匿不以奏聞。兵官、幕職官或有請給器甲與軍兵令防城者，傳曰：「不須如此張皇，傳自與大金無讐，必不見殺。」其語播於城市中，城市之人皆知傳有不能盡節之心。州學學諭汪餘慶白於教授蔣繼周曰〔五〕：「餘慶請與先生同見太守，乞爲守備。」繼周曰：「太守敢以無禮之言斥人，使人不堪，奈何？」餘慶曰：「甚易也。若果然，先生但言滿城之人皆言知州是細作，若不爲守備，則市人之言不其然乎？」繼周然之，與餘慶同往。見傳，言有軍期急事，傳果怒而出曰：「教授何故如此逼脇州府？」繼周曰：「滿城之人皆言知州是細作，宜急爲守備，以破其説。不然，恐生變。」傳默然氣奪。繼周、餘慶遂勸傳申發文字報朝廷，傳從之，一日發八遞。第一遞，報金人已犯采石，不言東采石、西采石。遞到行在，朝市大驚，五房院六房院堂吏盡般家屬出門〔六〕。城市間皆謂知邊報的確者，無如五房院六房院〔七〕，今既般家而去，事可知矣。遂驚移不可禁止。第二遞，報金人已到楊林，而不言楊林渡。朝廷檢視圖册，不載楊林去處，莫知楊林在江南江北，朝市無不驚憂者。朝廷遣人於閭巷間尋太平州、和州人，詢問楊林所在。是夜二更後，方得一士人，具言楊林乃西采石之渡口也，憂疑稍定。金人在楊林築臺於野，亮令諸軍拈鬮子，取死士五百人先渡大江，就楊林進船。乙亥，亮刑白馬祭天。當塗之人日逐往采石，臨江以觀之者不啻數萬。丙子，有采石之役。愚常用心稽究采石事實，質之於士人、僧道、軍兵、商賈、官員。觀膽報之功狀，考一時之記録，莫不張其聲勢，大其功伐，皆不可取信。惟太平州及東采石之百姓所言者不約而同，蓋其所親見，而又無容心於毁譽也。愚取之遂爲定説，不敢誣天下，亦不敢誣後世也。曰：

丙子晨，隔江見楊林渡金人築臺，四旁有黄黑煙突起，人皆莫曉其所謂。或曰：「昨日刑白馬祭天，今日祭風，欲出船渡江耳。」少刻，煙漸微細而青白色。辰巳刻之間，有紅傘登臺，亮在其下，有繡旗環繞之。俄聞樞密行府有參贊軍事中書虞舍人到采石市中喫食，乃允文也。或走報允文，請臨江督軍。允文至江口，是時風色已作，人謂金人祭風果應乎？望楊林口，有一舟出江，相次尾首相銜而出，凡出十七舟。楊林口忽生沙塞斷江口，餘舟皆不可出。允文命發戰船，有水軍蔡將、韓將二人，各有戰艦一艘，皆唯唯不動。乃急命當塗民兵登海鰍船踏車，每舟有兵數人〔八〕，發十海鰍往迎之。允文坐蛾眉臺中，戰抖幾不能止〔九〕。軍人皆説諭民兵曰：「此是必死之地，若齊心求生，萬一有回歸之理。」民兵皆然之。風色忽止，官軍以海鰍衝十七舟，舟分爲二，官軍呼曰：「官軍勝矣！」遂皆併殺金人。金人舟，其底闊如廂，極不穩，且不諳江道，皆不能動手，其能施弓箭者，五七人而已，遂盡死於江中。有一舟爲水漂流至薛家灣。薛家灣者，采石之下數里，有王琪軍在焉，以勁弓齊射，舟不得著岸，舟中之人各中一二百箭，往往綴屍於板而死。取金人之舟視之，乃用和州民舍拆板而造者〔一〇〕，每舟可載二十人，板木釘灰皆不如法，其敗故宜也。是役也，金人有四十舟在楊林，出江者止十七舟。官軍止有海鰍十艘迎戰，二戰艦終不出。允文追蔡將、韓將，各鞭之一百。金人死士五六百人，不死於江者，亮盡敲殺之〔一一〕，怒其舟不能出江也。初，亮問上年兀朮何以渡江，或答曰：「兀朮自馬家渡渡江，江之南雖有兵，望見我軍即奔走。船既著岸，江岸已無一人一騎。」亮曰：「吾渡江亦猶是矣〔一二〕。」及楊林出舟，當塗之民在采石上下登山以觀者數十里不斷，不啻數十萬人。亮隔江望之，曰：「吾放舟出江，而山上人皆不動，何也？」當是之時，争戰之聲方厲，安危之機甚切，而人皆罷其業，離其居而樂觀之〔一三〕。既而連亘數十里，駐足不動，遂成江南壁立萬仞之勢。豈人力能使之然哉？蓋天實爲之也。

允文進劄曰：

蒙聖恩，令從軍江上，今月六日抵建康，次日准葉義問差臣前來采石會李顯忠，並給犒建康所屯御前軍馬。臣於八日午後到采石，見江北虜兵甚厚，極目望，上下二三十里不絶〔一四〕，鼓聲震地。臣即時躍馬至岸口，與諸統制相見。北岸有一高臺，臺上大紅繡旗、黄旗各二，左右行立〔一五〕，中有大黄蓋，有一人服金甲，以胡牀坐其下。問之，此虜酋也，昨已登臺祭天、刑白馬與諸將盟矣。兵號四十萬，馬數倍之。臣與統制官張振等共議，列馬步軍爲陣，静以待之。分戈船爲五，以其二傍東西岸行，其一駐中流，載精兵以待戰，其二藏小港中，以備不測。擺布僅畢，忽聞虜衆齊聲發喊，虜酋親執小紅旗，麾數百舟絶江而來。未頃刻間，已有七舟遽達南岸，虜登岸與官軍戰。臣往來行間，再三傳令，激以大義，許以醲賞。步軍統制時俊先登，軍皆殊死鬭。俘斬既盡，而戰於江中者，艨艟相擊。虜舟皆平，沈水死者以萬數〔一六〕。天色向晦，北岸鼓聲乃止，虜引餘舟遁去。臣等尚慮其詐，不敢以兵掩其前，但以强弓弩襲其後追射之，虜兵多傷。至夜師旋，計其岸上之屍，凡二千七百餘人，射殺萬户一人，服紫茸綿甲注絲戰袍，生獲千户二人，女真三十餘人，餘皆伉健者〔一七〕。臣度虜未必遽休，而采石之舊將已去，新將未至，當軍情危疑間，虜兵鼎來，臣不當便引去，暫且留此，與統制官同謀戰守。須俟一大將至，有所分付，乃敢還建康。仰乞陛下特寬憂顧，臣無任激切皇懼之至。

九日，又奏劄曰：

臣觀虜所用之船，皆如州縣渡口雇駕者，誠不足以當官軍戰艦。又逐船惟滿載敢死士，意在直截來奪岸口，初不爲水中戰具也。以昨日之戰，虜有旗頭爲官軍斫斷其左臂，尚能以手持小旗麾其下進戰，久之乃仆地死。金人之伉健可概見矣。諸統制欲於瀨江掘塹〔一八〕，闊一丈五尺，深八尺，以防虜兵奔衝上岸及更夜潛渡之寇。見役丁夫開堤數百丈，以衛内堤，官軍立於堤上，既有所捍蔽，又無遁心，可以固守也。臣聞臨陣易將，自古所戒，而王權既失士心，李顯忠素有人望，黜陟之間，無不仰服睿斷聖明。虜酋既敗，采石官兵虚弱，其盡力如此，臣豈敢愛身，遽自引去？比者戚方已約分兵船親來會合采石，成閔軍非久即到，官軍既合，決可以破賊，不獨守江而已。臣俟李顯忠到，一一議定，續具奏知。

此允文之二劄也。會編卷二三八紹興三十一年十一月八日丙子條引遺史。今按，自「愚常用心稽究采石事實」至「蓋天實爲之」，要録卷一九四紹興三十一年十月九日丁丑條小注亦引遺史。

牲之嘗試以允文二劄論之。昔歲馬家渡之役，兀朮出舟於江，官軍不戰而潰，金人遂陷建康，蹂踐江浙，至四明而回。當時議者謂，方金人進舟欲渡時，有能鼓率士氣竭力禦之，可使金人皆葬魚鼈之腹不爲難矣。雖用力不甚多，假使以郡王、使相賞之，其誰以爲不當？采石之役，正猶是也。或官軍退卻一步，則敵人登岸，不知肯似向時蹂踐江浙而復回乎？海鰍十艘，雖用力不多，而金人悉死於江中。若以前事爲鑑，雖醲厚之賞，極一時富貴，以酬其不退卻之功，可謂當矣。而允文乃虚張功伐，大其勞績，意在於邀求厚賞，以結將士之心，自譽己才，而冀異日之用，可謂之要君，亦可謂之欺君矣！允文謂「午後到采石，鼓聲已震地，允文方與統制張振等議，列馬步軍爲陣，分戈船爲五」。若金人已擊鼓，乃欲進兵也，允文方列馬步軍爲陣，分戈船爲五，不亦遽乎？列馬步軍爲陣，頃刻間猶可辦也。分戈船爲五，非十刻不能辦〔一九〕。豈容擺布僅畢，虜人方發喊？況鼓聲震地已久，雖欲出舟，何用發喊？又謂「數百舟絶江而來」，且楊林渡當冬月乾淺，惟單舟乃能出口。若欲出數百舟，非二十刻不能辦，豈可謂「頃刻間」？通計官軍分戈船爲五，金人出數百舟，當占三時，自午後又占三時，日已暮矣。又謂「七舟遽達南岸，既戰罷，計岸上之屍，凡二千七百餘人」。七舟可載二千七百餘人，則一舟可載四百人矣。國家水軍舟船大而壯實者無如馬船，官軍每隊五十人，一馬船猶不能載八隊。況金人拆人家板木旋釘爲舟，而能載四百人乎？采石居民不啻數千家，户外有兩國之兵大戰，至於敗者盡殲焉，數千居民豈能安其居而寂若不聞？允文謂「親身往來行間，再三傳令，激以大義，許以醲賞」，至今當塗采石之人指此語爲笑端〔二〇〕。允文藉此，蓋有心望爲宰相也。丙子之奏已行，丁丑又作奏。允文盛稱采石之功，難者曰：旗頭本執持大旗麾衆當先者也，臨陣鏖戰之際，已斷其左臂，大旗固不可操執，正争命之間，安得小旗而麾之耶？其疏一也。采石丁夫不過有數千人，況踏車轉戰至夜，疲怠之餘，安可役使？允文謂「掘塹闊一丈五尺，深八尺，一夕之間，開得數百丈，又爲内堤可立官軍」，計其工料，非疲怠之卒一夕可辦者。其疏二也。愚嘗經由采石，尋訪掘塹立堤之地，采石人皆大笑之。且曰：「采石地勢，有高有下，有山有水，雖有連接，亦有斷頭。安能掘數百丈之塹，立數百丈之堤？」愚熟視其地利，深以其言爲是〔二一〕。諸軍虚張報捷者不可勝數〔二二〕。諸軍提舉權都統制張振，以拱衛大夫、永州防禦使陞翊衛大夫、定江軍承宣使，又進中侍大夫。副提舉王琪、時俊，統制戴皐，水軍統制盛新，皆轉行階官、遥郡。是時，王權方去軍兩日，議者謂權不去，則爲權之功。故天下事，有幸有不幸也〔二三〕。有菜園户沈文貴者，以民兵在海鰍船中，出江口，中箭透項而出，遂死之。允文奏其功，以謂忠義奮發，用命當先，力戰身死。得贈忠訓郎，與一子進武校尉。文貴無子，以姪爲嗣而受之。總首李荦者，是日偶不在采石，故功賞不及〔二四〕。張振，懷州河内人。初，兩河陷，振聚强壯得百餘人，徑太行，由喜兒灣渡河直趨襄漢〔二五〕，與桑仲合。時仲爲鎮撫使，用振爲諸軍都提舉。仲被害，李横繼爲鎮撫使，待振如仲。後横與振有疑隙，乃走枝江，歸於荆南等州鎮撫使解潛，潛用爲中軍統制。潛罷鎮撫使，振隨潛詣行在，遂隸於張俊軍中。俊以振爲準備將，稍遷爲正將，王德爲都統制也。紹興十六年，德奏遊奕軍去隸侍衛馬軍司已久，乞將牙兵親隨親兵搭材等合一軍，補遊奕之闕，以振爲統領，後遷統制。自初聚衆至爲承宣使，皆無可書之績。采石之戰，避逅成功，豈不幸哉？琪，鞏州人，德之子也〔二六〕。新，亳州德化人。紹興十年，張俊至亳州，新挈家來歸。既至建康，俊奏授新正使兼閤職，俊以建康城北水陸之田畀新。或謂俊在亳州受新北珠一篋，而有是報。漸陞新爲正將，隸中軍，後爲水軍統制。皋，破敵軍統制，不救姚興而率衆先奔者是也。會編卷二三九紹興三十一年十一月八日丙子條引遺史。

今按，張振事，又見要録卷一五四紹興十五年九月六日己酉條引遺史，但較爲簡略。

虞允文見敵人已退，又奏劄曰：

臣於今月八日大破虜兵，已具戰守之計，斬獲之數，敷奏去訖。次日絶早，臣與將士同在江口擺布戈船，分兵待敵。其賊衆行列，比昨日稍稀。至辰巳來〔二七〕，虜凡再鼓，臣等舉旗麾出海鰍戰船五之二，分其半向北岸上流，直至楊林河口，以其半傍南岸而行。其餘仍藏港中，以防不測。良久，虜兵益稀，臣恐虜酋欲遁，亟令水軍統制盛新引船杜塞河口，以神臂弓、克敵弓齊力射虜，應弦而倒者以萬數。虜見船無歸路，即時從下流發火自焚。官軍亦於河口上流舉火，盡焚其餘，凡一百五十餘舟。完顔亮引餘衆遁去，遣一小舟令張千者持書遺王權。觀其書意，似與權有先約。雖其策出於用間，然亦不可不以朝廷已行遣王權之事報之，以絶其觀望。遇李顯忠至，臣與顯忠商量作報，遣所獲女真奴婢二人齎往，已録白同逆亮書真本繳進去訖。其張千，本是鎮江軍使臣，在瓜洲戰陷虜中。臣驗得本人身上有數處重傷，已即時與轉兩官，發歸本貫收管，聽候朝廷追唤外〔二八〕，所有采石至太平州一帶民兵，各已安堵。

允文三奏劄，皆有可議者。夫敵人應弦而倒者以萬數，不知用幾萬神臂弓、克敵弓能如是邪？况官軍以舟船杜塞楊林河口而已，楊林河口不甚寬闊，而又敵人擺布何處，在岸上乎？在舟中乎？若在岸上，則與河口全不相干。若在舟中，不過有數舟相對，安得應弦而倒者以萬數也？允文有門下士，昧於名教典禮〔二九〕，乃拾掇三劄，溢其虚美，作爲記事之文，夸大允文之功。允文，蜀人也，首自蜀中傳寫之，衆皆和之，於是蜀人家家有傳本矣。愚恐萬世之後，忠佞不分，故不得不力辨。會編卷二三九紹興三十一年十一月八日丙子條引遺史。今按，要録卷一九四紹興三十一年十一月九日丁丑條僅引遺史「允文三奏劄皆有可議者」至「安得應弦而倒者以萬數也」一段。

〔二十七日乙未〕金人陷泰州。先是，泰州守臣請祠去，通判王濤權州事。九月，濤以移治爲名而去，留州印付兵馬都監趙福。金人侵淮甸，水寨都統領胡深與其副臧珪棄水寨，率鄉兵二千入泰州，以兵勢淩福。福具申于葉義問，義問以深權知州，深以珪權通判，福權本路兵馬都監。淮南轉運副使、提領諸路忠義軍馬楊抗又以其右軍統領、成忠郎沙世堅權海陵縣丞兼知縣。深聞金人欲犯泰州，與世堅率其衆棄城先遁。珪堀斷姜堰，盡泄運河水。至是，敵細軍至城下，遂徑登其城，縱火擄掠。福死于亂兵，城中子女强壯盡被敵驅而去。要録卷一九四紹興三十一年十一月二十七日乙未條小注引遺史。

〔二十八日丙申〕金國主亮駐於揚州之東南，督諸萬户渡江甚急，限來日不渡，盡行誅斬。萬户皆懼之。是時，葛王已即位於國中，改大定元年，有傳録其赦書至軍中者。萬户等以大江不可渡，斬戮不免，遂各懷異心，有弑其主歸葛王意。亮有親兵，皆心腹人，以紫茸穿甲，謂之紫茸軍，又謂之細軍，素號精勇。諸萬户請於亮曰：「紫茸軍遠行數千里，未有以犒之，可令自取泰州犒其軍。」亮然之，遂發紫茸軍取泰州。諸萬户無所畏，丙申夜，持勁弓突入帳下，衛者止之，則曰：「有急事聞奏。」亮聞喧，欲披衣出，則矢已及左右矣。亂矢齊發，亮斃於帳中，於是喧嚣不止。梁尚書者，聞亂即馳入，呼諸萬户曰：「事已如此，固無可奈何。然方與敵國相持，不知諸君何以善其後？」衆皆不言。梁尚書曰：「當撫定諸軍，勿使嚚亂，徐思計策可也〔三〇〕。」衆稍定，梁尚書遂取紙草牒，云：

大金國牒大宋國三省、樞密院〔三一〕：國朝太祖皇帝創業開基，奄有天下，迄今四十餘年。其間講信修睦〔三二〕，兵革寢息，百姓安業。不意正隆失德，師出無名，使兩國生靈皆遭塗炭。奉新天子明詔，已行廢殞，大臣將帥，方議班師赴闕，各宜戢兵，以敦舊好。須至移牒，牒具如前事，須牒大宋三省、樞密院照驗。大定元年十一月三十日牒。銀青光禄大夫、左領兵都監、開國公蒲察〔三三〕，龍虎衛大將軍、右領軍都監徒單，右領軍監軍、崇進，左領軍監軍、潘國公徒單，儀同三司、右領軍副都督、函國公，銀青榮禄大夫、右領軍大都督、開國公，太保、左領軍大都督、齊國公。

初，瓜洲之役，軍中散人張真被虜。亮壻、駙馬都尉見而留之。駙馬管黄頭女真三萬人。亮聞葛王已立，乙未，命駙馬以本部兵歸。丙申兵變，駙馬兵既行，有温暾者，覓張真而得之。梁尚書既作牒，未有人傳行，乃以張真齎牒。戊戌發，十二月己亥渡江。是時，江南但不見虜人飲馬於江濱〔三四〕，方疑之，會張真到，方知亮被弑，虜騎已有回者。有虢州簽軍雷政者，先自間道來歸，説亮被弑。初猶未信，得梁尚書牒，乃賞政以官。

會編卷二四一紹興三十一年十一月二十八日丙申條引遺史。

校勘記

〔一〕以使臣二人執器械立馬門左右　「馬」原作「爲」，據原卷後校勘記及明鈔本、袁本、文津閣本改。

〔二〕有姪真卿者　「真」原作「貞」，「貞」字爲宋諱，據袁本改。陳公亮嚴州圖經卷一登科記紹興十二年陳誠之牓進士便有「葉真卿」題名，葉義問是嚴州人，此葉真卿或是義問之姪。

〔三〕時隨行有統制輔逵米忠信數人　「米忠信」原作「來忠信」，明鈔本、袁本作「米忠信」。原卷後校勘記曰：「來忠信」一作「米忠信」。按，要録卷一九四、宋史全文卷二三，皆作「米忠信」。故改。

〔四〕在旁聞者皆掩鼻　「掩鼻」，袁本作「掩耳」。

〔五〕州學學諭汪餘慶白於教授蔣繼周曰　「學諭」，袁本作「教諭」。

〔六〕五房院六房院堂吏盡般家屬出門　「五房院」三字原闕，據原卷後校勘記及明鈔本、袁本、文津閣本補。

〔七〕無如五房院六房院　「五房院」三字原闕，據原卷後校勘記及明鈔本、袁本補。

〔八〕每舟有兵數人　「數人」原作「數十人」，據原卷後校勘記及明鈔本、袁本删去「十」字。

〔九〕允文坐蛾眉臺中戰抖幾不能止　「蛾眉」，明鈔本、袁本作「娥眉」。「戰抖」，明鈔本、袁本、文津閣本作「戰灼」。

〔一〇〕乃用和州民舍拆板而造者　「拆」原作「折」，據明鈔本、袁本、文津閣本改。

〔一一〕亮盡敲殺之　「敲」，袁本、文津閣本作「數」。

〔一二〕吾渡江亦猶是矣　「猶」原作「由」，據袁本及文意改。

〔一三〕離其居而樂觀之　「而」字原闕，據明鈔本、袁本、文津閣本補。

〔一四〕上下二三十里不絶　「上下」，明鈔本、袁本作「上下流」。

〔一五〕左右行立　「行」字原闕，據明鈔本、袁本、文津閣本補。

〔一六〕虜舟皆平沈水死者以萬數　「皆」，明鈔本作「多」。原本「沈」後衍一「溺」字，據原卷後校勘記及明鈔本、袁本、文津閣本删去。

〔一七〕餘皆伉健者　「餘」，袁本無。原卷後校勘記曰：「一本無『餘』字。」

〔一八〕諸統制欲於瀬江掘壍　「掘」原作「握」，據明鈔本、袁本、文津閣本改。

〔一九〕非十刻不能辦　「辦」原作「辨」，據明鈔本、袁本、文津閣本改。

〔二〇〕至今當塗采石之人指此語爲笑端　「至今」原作「至於」，據明鈔本、袁本改。「指」，袁本作「皆以」。

〔二一〕深以其言爲是　「是」原作「非是是」，據明鈔本、袁本、要録卷一九四改。

〔二二〕諸軍虚張報捷者不可勝數　明鈔本此句前有「是時」二字。

〔二三〕有幸有不幸也　「幸」原作「辛」，據原卷後校勘記及袁本、文津閣本改。

〔二四〕故功賞不及　「功」原作「立」，據明鈔本、袁本改。

〔二五〕由喜兒灣渡河直趨襄漢　「渡」原作「流」，據要録卷一五四引遺史及文意改。「襄漢」，袁本、要録卷一五四作「襄陽」。

〔二六〕琪鞏州人德之子也　「德之子」原作「德之弟」，明鈔本作「德之子」。考宋史卷三六八王德傳、中興戰功録、要録卷一九四，王琪乃王德之子，非其弟。故改。

〔二七〕至辰已來　明鈔本作「至辰時以來」，袁本、文津閣本作「至辰時已來」。

〔二八〕聽候朝廷追唤外　「追」，袁本作「遣」。

〔二九〕昧於名教典禮　「教」原作「敬」，據原卷後校勘記及明鈔本、袁本改。

〔三〇〕徐思計策可也　「思」原作「使」，據原卷後校勘記及明鈔本、袁本、文津閣本改。

〔三一〕大金國牒大宋國三省樞密院　「大金國牒」，要録卷一九五紹興三十一年十二月一日己亥條引此牒作「大金國大都督府牒」。

〔三二〕其間講信修睦　「講」原作「謀」，據原卷後校勘記及明鈔本、袁本、文津閣本、周必大周益公文集卷一六三、要録卷一九五改。

〔三三〕銀青光禄大夫左領兵都監開國公蒲察　「光禄」，要録卷一九五作「榮禄」。「左領兵」，明鈔本、袁本、要録卷一九五作「右領軍」，似是。

〔三四〕江南但不見虜人飲馬於江濱　「但」，明鈔本、袁本作「俱」。

十二月

〔二日庚子〕史俊殺其將杜萬户。要録卷一九五紹興三十一年十二月二日庚子條小注引遺史。

〔五日癸卯〕先是，成閔在京西，承金字牌令策應建康。成閔喜於得歸，兼程疾馳，士卒冒大雨，糧食不時，多死於道路。湖北轉運使以舟船載錢糧馬料，差漢陽軍監酒務楊某隨軍，而軍人自張家渡渡江遵陸，皆不及支請。初，閔自行在率軍馬戍京西、湖北也，沿路犒設之物不可勝計，盡以歸己，不散士卒。及回至鎮江也，有軍中子弟號康保義者，因酒後曾顯言於市中，或告閔，閔遣人捕康保義至，即命斬之。完顏亮之死也，閔大軍猶在鎮江不渡。又七日乃渡，駐於揚子橋之樞密行府。閔遣使臣李彪探伺金人回軍動靜。閔令彪速回報樞密行府曰：「成閔大軍在揚子橋相持，來日當大戰矣。」彪不聽，且曰：「必當到揚州城下探其動息，方敢回。」閔乃止〔一〕。是時，金人已取天長路歸，閔之意，欲作大戰，虛張其功績耳。路人喧傳金人已歸，揚州空虛，故閔之詐不行。乃以馬軍司兵追襲，李捧亦以神勇軍追襲，然不敢與金人相近。是時，泗州已被夏俊焚燒，棄城而南。故金人先遣千户至泗州，拆民居爲三浮橋〔二〕，頃刻而成。翌日軍到，皆下馬乘橋而過，馬不卸鞍，皆涉淮而渡，望之如雲。既渡絶，閔軍到盱眙，排列於淮之南岸，聲喏有一。金人笑曰：「傳語成太尉，有勞相送。」金人在泗州住七日，有三百人，長者一人告千户曰：「三百人各有歸心，不可彈壓，奈何？」千户曰：「郎主雖死，豈無王法？」千户之弟曰：「兄言失矣。郎主且死，兄何不只在揚州，而須北歸邪？彼各有父母妻子，人心難留，豈可以强繩之？」兄以爲然，三百人皆上馬，即時馳去。由是西城之兵皆上馬争門馳出不可遏，俄而東城人亦去。成閔知金人盡去也，乃列兵於淮之南岸，鳴金鼓，教兵士耀武而還。聞之者莫不大笑。是時，龜山沿路有金人遺棄粟米山積，往往是京東、河北科配民户，令赴浙西州軍送納者。猶有布袋盛貯者，各題寫起發州縣，及平江府、秀州等處送納官糧字〔三〕。時軍運方不繼，賴以給軍，而統制將官歸己者亦多矣〔四〕。獨成閔之衆，多福建、江浙人，不能食粟，因此，日有死者不下二三百人。會編卷二四六紹興三十一年十二月五日癸卯條引遺史。今按，此條内容亦見要録卷一九五紹興三十一年十二月十二日庚戌條，但據遺史修時做了整合，所述較略。另，要録卷一九五紹興三十一年十二月五日癸卯條小注引遺史，其中有「癸卯，成閔自鎮江府渡江追襲」及「亮死之七日，閔乃渡江」兩條，與會編此條中相關語句意同，但字句稍異。

〔十八日〕丙辰，上至無錫縣。要録卷一九五紹興三十一年十二月十八日丙辰條小注引遺史。

〔二十三日〕辛酉，上至鎮江。要録卷一九五紹興三十一年十二月二十三日辛酉條小注引遺史。

〔二十四日〕壬戌，入行宫駐蹕。以和州雞籠山金兵未退，故回駐蹕。要録卷一九五紹興三十一年十二月二十四日壬戌條小注引遺史。

十二月，遂扈蹕如建康。時方雨雪，高宗御氈衣氈笠，乘馬，上亦騎從，雨濕朝服，略不少顧，而宰相已下多肩輿者。建炎以來朝野雜記乙集卷一引遺史。

校勘記

〔一〕閔乃止　明鈔本、袁本作「閔力止之」。

〔二〕拆民居爲三浮橋　「拆」原作「折」，據明鈔本、袁本、文津閣本改。

〔三〕及平江府秀州等處送納官糧字　「官糧字」，明鈔本作「官軍」。原卷後校勘記曰：「『字』字衍。」

〔四〕而統制將官歸己者亦多矣　原「亦」前衍一「方」字，據原卷後校勘記及明鈔本、袁本、文津閣本刪去。

紹興三十二年（壬午　一一六二）

正月

〔二十日丁亥〕群臣皆入文字乞進取，往往欲駐蹕建康，不回浙省。陳康伯不能決，上命侍從、臺諫赴都堂集議。上降旨問進取利害，令各具狀奏，群臣皆不能言，但唯唯請回浙西而已。少頃，傳聞于外，士庶誚之。要録卷一九六紹興三十二年正月二十日丁亥條引遺史。

二月

〔二十七日甲子〕確山捷。要録卷一九七紹興三十二年二月二十八日乙丑條小注云：「趙甡之遺史，確山之捷在二月二十六日甲子，趙撙去蔡州在二十七日乙丑。」今按，此月戊戌朔，甲子爲二十七日，乙丑爲二十八日。

〔二十八日乙丑〕趙撙去蔡州。要録卷一九七紹興三十二年二月二十八日乙丑條。

四月

〔八日甲戌〕言者論成閔苞苴交結，詔榜朝堂，已而收去。要録卷一九九紹興三十二年

四月八日甲戌條小注引遺史。

附録一　著録題跋

宋　尤袤　遂初堂書目本朝雜史

中興遺史。

宋　陳振孫　直齋書録解題卷四編年類

中興遺史六十卷。從義郎趙甡之撰。慶元中上進其書。大抵記軍中事爲詳，而朝政則甚略，意必當時遊士往來邊陲、出入幕府者之所爲。及觀其記張浚攻濠州一段，自稱姓名曰開府張鑑。然則此書鑑爲之，而甡之竊爲己有也。或曰鑑即甡之婦翁，未知信否？

元　袁桷　清容居士集卷四一修遼金宋史搜訪遺書條列事狀

徽、欽圍城受辱，北行遭幽，正史不載。所有雜書野史，可備編纂，今具于後：

三朝北盟會編、靖康傳信録、孤臣泣血録、靖康草史、靖康奉使、靖康遺録、裔夷謀夏録、陷燕記、南歸録、靖康録、犯闕録、僞楚録、松漠紀聞、僞齊録、起戎録、痛憤録、建炎復辟記、己酉航海記、建炎扈從録、中興遺史。

元　脱脱　宋史卷二〇三藝文志二别史類

趙甡之〔一〕中興遺史二十卷。

明　焦竑　國史經籍志卷三

中興遺史六十卷，趙甡之。

校勘記

〔一〕趙甡之　「之」字原脱，據直齋書録解題卷四、要録和會編所引書目撰者姓名補。

陳樂素　求是集第一集三朝北盟會編考九引用書雜考中興遺史

會編所引用書而標明出處者，以此爲最多。凡一百四十餘段。原書凡六十卷。繫年要録亦多引用。書録解題卷四編年類：「中興遺史六十卷，從義郎趙甡之撰。慶元中（一一九五年—一二〇〇年）上進其書。大抵記軍中事爲詳，而朝政則甚略。意必當時遊士往來邊陲、出入幕府者之所爲。及觀其記張浚攻濠州一段，自稱姓名曰『開封張鑑』。然則此書鑑爲之，而甡之竊以爲己有也。或曰，鑑即甡之婦翁，未知信否。」按張浚攻濠州一段，會編雖未引用，但謂此書爲張鑑撰而甡之竊爲己有，恐不然。甡之，宋史無傳。余所知有二：其一爲趙哲之子，其一爲宗室子。繫年要録卷三八有注云：「日曆：『紹興四年八月二十一日，承節郎趙甡之進狀，父哲建炎三年（應作四年）落階官，除同州觀察，於當年十月一日宣撫張浚挾私，輒從軍法身死。』」此趙哲子也。至宗室子，則見宋史卷二四〇宗室世系表，作成忠郎，父武翼郎趙笆，祖崇國公克嶷，爲太宗弟魏王廷美之後。二者必非一人。惟會編卷一四二「建炎四年九月二十三日張浚軍於富平，爲婁宿所敗」一條之下，有引用文一段，記此役經過頗詳，於張浚多作貶詞。此尚未足爲異。特文中諸人俱徑稱其名，而末乃云：「諸軍皆潰，惟環慶路經略趙都承先走到汾州，乃稍定。」趙都承者，趙哲也。何以於哲獨稱其官而不名？故余疑此段文採自中興遺史，同時疑中興遺史之撰者乃趙哲之子也。

附録二　徵引書目

（漢）許慎撰、（清）段玉裁注　説文解字注　上海古籍出版社影印本　一九八一年

（宋）宗澤　宗忠簡公文集　宋集珍本叢刊影印明崇禎刻本　綫裝書局　二〇〇四年

（宋）劉一止　苕溪集　宋集珍本叢刊影印清鈔本　綫裝書局　二〇〇四年

（宋）汪藻　靖康要録　四川大學出版社箋注本　二〇〇八年

（宋）汪藻　浮溪集　影印文津閣四庫全書本　商務印書館　二〇〇五年

（宋）汪藻　浮溪文粹　宋集珍本叢刊影印明正德元年馬金刻本　綫裝書局　二〇〇四年

（宋）趙鼎　忠正德文集　影印文津閣四庫全書本　商務印書館　二〇〇五年

（宋）張守　毘陵集　影印文津閣四庫全書本　商務印書館　二〇〇五年

（宋）周必大　周益公文集　宋集珍本叢刊影印明澹生堂鈔本　綫裝書局　二〇〇四年

（宋）程俱　北山小集　原國立北平圖書館甲庫善本叢書影印清初影宋鈔本　國家圖

書館出版社　二〇一三年
(宋)羅願　淳熙新安志　宋元珍稀地方志叢刊甲編　四川大學出版社點校本　二〇〇七年
(宋)尤袤　遂初堂書目　海山仙館叢書本
(宋)王稱　東都事略　宋史資料萃編本　臺北文海出版社　一九七九年
(宋)陳均　皇朝編年備要　北京圖書館出版社影印宋紹定刻本　二〇〇六年
(宋)熊克　皇朝中興紀事本末　北京圖書館出版社影印清鈔本　二〇〇五年
(宋)佚名　皇宋中興兩朝聖政　宋史資料萃編本　臺北文海出版社　一九六七年
(宋)黎靖德編　朱子語類　朱子全書本　上海古籍出版社、安徽教育出版社點校本　二〇一〇年
(宋)徐夢莘　三朝北盟會編　上海古籍出版社影印清光緒三十四年清苑許涵度刻本　一九八七年
(宋)楊仲良　續資治通鑑長編紀事本末　北京圖書館出版社影印宛委別藏本　二〇〇三年
(宋)王明清　揮麈録　上海書店出版社點校本　二〇〇一年

（宋）王明清　玉照新志　上海古籍出版社點校本　一九九一年

（宋）李心傳　建炎以來朝野雜記　中華書局點校本　二〇〇〇年

（宋）李心傳　建炎以來繫年要録　景印文淵閣四庫全書本　臺北商務印書館　一九八四年

（宋）李心傳　舊聞證誤　中華書局點校本　一九九〇年

（宋）李壁　中興戰功録　全宋筆記第六編　大象出版社點校本　二〇一三年

（宋）徐自明　宋宰輔編年録　中華書局校補本　一九八六年

（宋）杜大珪　名臣碑傳琬琰集　宋史資料萃編本　臺北文海出版社　一九六九年

（宋）岳珂　鄂國金佗稡編續編　中華書局校注本　一九八九年

（宋）岳珂　桯史　中華書局點校本　一九八一年

（宋）孟元老　東京夢華録　中華書局箋證本　二〇〇六年

（宋）劉時舉　續宋中興編年資治通鑑　中華書局點校本　二〇一四年

（宋）王象之　輿地紀勝　中華書局影印懼盈齋本　一九九二年

（宋）祝穆撰、祝洙增訂　方輿勝覽　上海古籍出版社影印本　一九九一年

（宋）陳公亮　嚴州圖經　清光緒二十二年刻本

（宋）晁公武　郡齋讀書志　上海古籍出版社校證本　一九九〇年
（宋）陳振孫　直齋書録解題　上海古籍出版社點校本　一九八七年
（宋）周應合　景定建康志　宋元珍稀地方志叢刊甲編　四川大學出版社點校本　二〇〇七年
（宋）周密　齊東野語　中華書局點校本　一九八三年
（宋）王應麟　玉海　廣陵書社影印本　二〇〇三年
（宋）王應麟　困學紀聞　上海古籍出版社校點本　二〇〇八年
（元）馬端臨　文獻通考　北京圖書館出版社影印元泰定元年西湖書院刻本　二〇〇五年
（元）袁桷　清容居士集　元史研究資料彙編影印元刊本　中華書局　二〇一四年
（元）脱脱等　宋史　中華書局點校本　一九七七年
（元）佚名　宋史全文續資治通鑑　宋史資料萃編本　臺北文海出版社　一九六九年
（明）解縉等編　永樂大典　中華書局據明修永樂大典存本影印　一九八六年
（明）柯維騏　宋史新編　續修四庫全書影印明嘉靖四十三年杜晴江刻本　上海古籍出版社　二〇〇二年

（明）黃淮、楊士奇編　歷代名臣奏議　上海古籍出版社影印本　一九八九年

（明）焦竑　國史經籍志　宋元明清書目題跋叢刊影印清道光間粵雅堂叢書本　中華書局　二〇〇六年

（明）李日華　六研齋筆記　鳳凰出版社點校本　二〇一〇年

（清）徐松輯　宋會要輯稿　中華書局影印本　一九五七年

（清）沈嘉轍　南宋雜事詩　清同治十一年淮南書局刻本

（清）厲鶚　宋詩紀事　上海古籍出版社點校本　一九八三年

（清）杭世駿　金史補　遼金史料彙編影印清鈔本　全國圖書館文獻縮微複製中心　二〇〇七年

（清）彭元瑞　宋四六話　叢書集成初編本　中華書局　一九八五年

（清）張金吾　愛日精廬藏書志　中華書局整理本　二〇一二年

（清）張金吾輯　金文最　續修四庫全書影印清光緒二十一年江蘇書局刻本　上海古籍出版社　二〇〇二年

（清）黃以周等輯注　續資治通鑑長編拾補　中華書局點校本　二〇〇四年

（清）陸心源　皕宋樓藏書志　清人書目題跋叢刊影印清刻本　中華書局　一九九

〇年
（清）李有棠　金史紀事本末　中華書局整理本　一九八〇年
（清）孫詒讓　温州經籍志　上海社會科學院出版社校補本　二〇〇五年
陳樂素　求是集（第一集）　廣東人民出版社　一九八六年
劉兆祐　宋史藝文志史部佚籍考　「國立」編譯館中華叢書編審委員會　一九八四年
聶樂和　建炎以來繫年要録的編撰和流傳　史學史研究一九八八年第二期
何忠禮、徐吉軍　南宋史稿　杭州大學出版社　一九九九年
顧宏義　宋金采石之戰考　東北史地二〇一〇年第三期
顧宏義　「層累地造成」的宋金采石之戰史發覆　南宋史及南宋都城臨安研究（續）上　人民出版社　二〇一二年
汪聖鐸　宋史全文插引史論文獻研究　宋史全文點校本附録　中華書局　二〇一六年

中國史學基本典籍叢刊　書目

穆天子傳匯校集釋
國語集解
吴越春秋輯校彙考
越絶書校釋
西漢年紀
兩漢紀
漢官六種
東觀漢記校注
校補襄陽耆舊記（附南雍州記）
十六國春秋輯補
洛陽伽藍記校箋
建康實録
荆楚歲時記
貞觀政要集校（修訂本）
唐六典
蠻書校注
十國春秋
皇朝編年綱目備要
皇宋十朝綱要校正
隆平集校證
宋史全文
宋太宗皇帝實録校注
金石録校證
靖康稗史箋證
中興遺史輯校
鄂國金佗稡編續編校注
皇宋中興兩朝聖政輯校
續宋中興編年資治通鑑
續編兩朝綱目備要
宋季三朝政要箋證
宋代官箴書五種
契丹國志

西夏書校補
大金弔伐録校補
大金國志校證
聖武親征録（新校本）
元朝名臣事略
國初群雄事略
明本紀校注
皇明通紀
明季北略
明季南略
小腆紀年附考
小腆紀傳
廿二史劄記校證